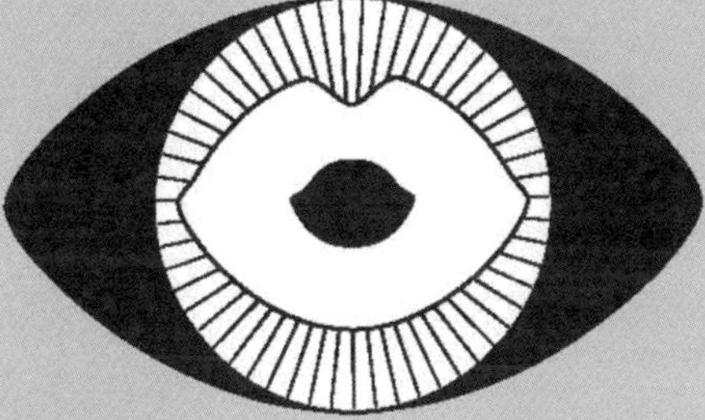

hon3 dak1 gin3 dik1 jyut6 fong1 jin4

看得见的粤方言

戴秀珍 编著

暨南大學出版社
JINAN UNIVERSITY PRESS

中国·广州

图书在版编目（CIP）数据

看得见的粤方言／戴秀珍编著. —广州：暨南大学出版社，2015. 3
ISBN 978－7－5668－1011－3

Ⅰ. ①看… Ⅱ. ①戴… Ⅲ. ①粤语—方言研究 Ⅳ. ①H178

中国版本图书馆 CIP 数据核字（2014）第 086767 号

……………………………………………………………………………………

看得见的粤方言
编 著 者　戴秀珍

出 版 人　徐义雄
策划编辑　刘　晶　余泓颖
责任编辑　刘　晶　高　洵　徐雨娴
责任校对　卢凯婷
责任印制　汤慧君
封面设计　班　班
装帧设计　班班设计工作室
设计制作　罗　明　张子健
出版发行　暨南大学出版社（广州暨南大学　邮编：510630）
网　　址　http：//www. jnupress. com　http：//press. jnu. edu. cn
电　　话　总编室（8620）85221601
　　　　　营销部（8620）85225284　85228291　85228292（邮购）
排　　版　广州良弓广告有限公司
印　　刷　深圳市新联美术印刷有限公司
开　　本　850mm×1168mm　1/32
印　　张　4. 375
字　　数　94 千
版　　次　2015 年 3 月第 1 版
印　　次　2015 年 3 月第 1 次
定　　价　30. 00 元

序　一

有温度的方言

“笑骑骑”“口花花”“手多多”，一连串吸引眼球的手绘图画，趣致纯朴的表现方式，让图形和语言共同发声，这就是《看得见的粤方言》。

看这些图，品这些词，你会感觉粤语极具趣味性和生命感。特别是通过图形回看字，能带出一种别样的新鲜，那就是活灵活现。

戴秀珍通过这本书，把老师的教与学生的学，呈现为符号交流，让人喜读爱看，还帮词义入脑。

哦，我明白了！粤语的可爱，不仅因为它所传达的，还因为通过语气的组合，它让你看见了体态和表情，因此，粤语有音乐般的高低旋律，有打情骂俏时的酸甜幽默，更有人与人之间的沟通灵气。

喜欢这本书，还因为同学们画得洒脱，这些粤语画的创作者对这片土地满怀真诚。“小学鸡”，一个独自走出家门的低年级生，胆怯怯，心惊惊，胖嘟嘟，傻乎乎。再看那个“晕陀陀”如此这般的形象表达，好像你也跟着它一块儿在转中晕眩。

粤语方言会带出美感，因为这方水土的生长者，把一个个生活画面，浓缩为鲜活的字句，让人看得见，识得明。该方言将四季的眷顾与耕作者阿叔、阿伯、阿娇、阿妹紧紧地捆在一起，充满了人间温情。而画出来的粤方言传播着粤语的趣味和智慧，就像“黑蒙蒙”，不理解的人看了图就理解了，他与“两眼一抹黑”同义，但“黑蒙蒙”的表达方式有气候的湿度，这就是粤语！

好喜欢戴秀珍编著的这本书。

胡川妮

2015 年 1 月于广美

序　二

画中有话

假如在中华大地上缺少了粤语，想必东西南北之文明将会严重失衡。

人们之所以喜欢把粤语称为“鸟语”，于我看来，不仅毫无贬义，更像是夸赞在“大汉语”的总谱上，竟有如此别致而又动听的乐音！而此番乐音，早已穿越疆域及国界，远播他乡。

20 世纪末，我举家南飞花城。之前，只有在影视作品或流行歌曲里才能听到的时髦“鸟语”，从此以后却伴随着我每天的吃喝拉撒。慢慢地，它听上去再也不像以前那样具有“文艺”范儿了。更令我不解的是：似乎越是贴近它，越觉得它难解难懂，若是仅靠望文生义，则无疑又犯了解读一地方言之大忌。

滋生于一方水土的方言，一开始就不是为了“文艺”而生，而它，又以极其“文艺”的方式，大大地延展和丰富了文字本身的原始形态及独特含义，成为一种公认的、记录“别样生活信息”的文化符号，朴实中蕴藏着千百年来人们用“口水”聚集的智慧。而方言所营造的语境，不仅成了人们寻祖觅宗的有效“暗号”，更成为解开区域文化脉络的独特密码。

有一位年轻的女教师，带着一帮比之更为年轻的男女学生，课内课外，日日夜夜，叽叽喳喳，一口气完成了一本关于岭南方言的奇书——它不仅可以看、可以读；甚至还可以用来“玩”、用来“听”；可独享，亦可分享。至于正统或教条，根本就不是它的调性。正值于此，我倒想提出一个小小的建议：别总是习惯性地把“读书”与“学习”生硬地捆绑在一起——倘若你手捧此书，请放下肩头的“庄重”，再松开眉头的“严肃”，也许你会发现，你正以一种最为自然、恰当的姿态，进入一片“鸟语花香”之中。

戴秀珍，一位土生土长的南粤美女，却让我这位操另一种方言的外乡人，为其倾心而作的《看得见的粤方言》一书作序。想必她一定是别有“企图”！而我，就是喜欢以她的方式，重新“走进”早已置身于此的这方水土。

有一天，如果真的失去了“鸟语”，百花亦将不再盛放！

曹　雪

2013 年 5 月于广州

目 录

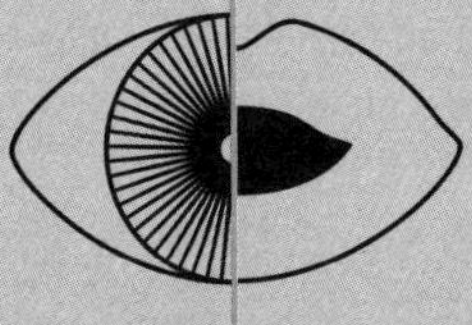

看得见的语言
——方言视觉转译设计初探

2010 年亚运会前夕，广州市政协一份关于增加电视台普通话播音时间的提案，在粤引发了一场关于“粤语存亡”的大争论。一批本土“80 后”、“90 后”的年轻人利用“快闪党”的方式在不同地点齐唱粤语歌，掀起了一场名为“撑粤语”的民间活动，希望通过这种特别的方式呼吁大家重视粤语的生存环境以及广州文化的保育。

广州是个开放性和包容性很强的城市， 推普与粤语保育的问题在这里从来就不是非此即彼的选择题，但是如何能够更好地发挥视觉语言的沟通优势，通过图形图像的视觉方式，挖掘、分析和演绎方言文化，消解区域文化交流的阻隔，保留和传承地域文化特色，推动地域文化的发展和传播，在视觉研究中探索新模式，对于本土视觉设计者而言，却是个充满趣味性和挑战性的课题。

方言的文化价值与局限性

语言是人类沟通的桥梁。没有语言，人类的社会生活将无法维持，人类的文化创造也将无法实现。口语是日常沟通中最常用的交流形式，没有口语的交流，这个世界的静默和困惑将无法想象。然而，除了人们熟悉的口头表达和文字书写，图形符号、音乐声响、肢体动作、表情等等都是有效的沟通表达方式，甚至可以越过种族边界的樊篱，有着更为广泛的传播效应。

在距今两百多万年的旧石器时代，人类获得了语言学习的能力，这些语音信号也就发展成为最初的语言。随着人口的迁徙和生活区域的分化，各地的口语也逐渐形成了不同的体系，于是出现了“五方之民，言语不通，嗜欲不同”[1]的境况。这种因地域差异形成的乡音便是方言。

语言是文化产生和发展的关键。方言的形成、演变和发展与各地的人口迁移、民间习俗、生活行为、认知习惯、交流方式等都有着密不可分的联系，方言的发展史即是一部民族迁徙流转、融合生长的发展史，从中我们既可看到地理、移民、交通、经济的变化，也可窥见耕作、习俗、戏曲、建筑的传承，甚至能看见各地文化发展在时代上的差异。因此，方言是地域文化特征最直接的体现。

方言也是表达情感的利器，是融入血液的印记。古诗有云：“少小离家老大回，乡音无改鬓毛衰。儿童相见不相识，笑问客从何处来。”[2]无论离家多久多远，乡音都是联系乡土亲情最好的纽带。

方言是生活交往的基本载体，但是，语言的这种地域特征，在激发强烈宗族情感的同时，也容易筑起与外界沟通的屏障。大家也许都有过类似经历，当你置身于外地，耳畔都是听不懂的语言时，内心或多或少地都会产生孤独与不安全感。而言语的不通引发的误会与矛盾，又曾经造成多少悲剧?

随着社会交往规模的急剧扩大，文化统一的潮流势不可当，与此同时，国际社会上尊重文化多元性的价值观和保护民族个性文化的思潮也不断高涨。面对强势的官方语言，方言应该扮演一个什么样的角色？在此，我们无意急下定论，只想通过探求文化创意的方式来寻找答案。

语言视觉化的现状

语言的视觉化，对于我们这些象形文字的承袭者来说应该不会陌生，我们先祖创造出来的文字本身就来自于图画，从生活中的图画物象而来，形象性和象征性都很强。虽然中文演变至今早已不是纯粹利用图形来使用的文字，但现代表意文字的生成依然是以象形文字作基础的，因此人们对于文字的形象性阅读有着天然的敏感。

徐冰《地书》

人类超越文字障碍的理想和努力从来没有停止过。在现代艺术中，以汉字的音、形、义为基点进行拆解、裂变、拼合、转化而成的艺术创作实践有很多，其中关于视觉转译的探索，不得不提到当代著名艺术家徐冰先生的尝试。《地书》（见左页图）是徐冰先生以语言文字为切入点，通过搜集、梳理、整合大量的图像标识，形成一套“标识语言”后写成的小说。在他尝试建立一种超越区域、教育、等级的沟通模式的过程中，我们看到了图像的力量。用他自己的话来说，“任何文字的形成都依赖于两个系统，或注音，或象形。全球语音不统一的现实和使用物品日益标准化的趋势，加上图像复制和传送技术的便捷，使象形符号作为可依靠的传达手段，在今天成为天然的（也是不得已的）选择。今天的‘大村子’似乎正在重复文字形成之初的历史，以象形的模式又一次开始”。

如今，随着互联网和移动电子设备的飞速发展，网络社交平台成为践行“读图时代”新沟通模式的最前沿。各式 icon 语言层出不穷，人们对传统阅读的抵触和对直观图形的着迷都不断提示着视觉化网络的崛起。视觉化网络的崛起正在转变人们的预期、渴望和行为，快速捕获和传播图形图像已成为各类互联网公司和社交电子产品开发商制胜的关键。而这种种艺术探索、生活体验和社交模式转变都提示出一种新的可能性：以象形为识别根据的模式，更有可能成为国际通用语言模式。

岭南方言视觉化课题初探

一、课题设计的初衷与目标

关注和挖掘地域文化的发展与传承，探讨国际化视觉语言以及两者结合方式的可能性都是近年来设计艺术领域的重要课题，而以地域方言作为地域文化切入点，并从视觉语言的角度加以研究，把视觉图像的呈现作为挖掘及推广方言文化内涵的有力方式，促进区域间的文化交流和文化理解，则是我们更感兴趣的角度。

亚运会前夕广州市民掀起的“撑粤语”活动似乎是一种催促和动力，于是我把对方言视觉化这个课题的不成熟思考带入教学实践中，希望在与学生的互动中激发新的思考与尝试。

二、岭南方言特色及传承问题

但凡有方言的地区，都会面临方言传承的问题。在这个课题研究中，我们把研究范围主要设定在岭南地区，尤其是广东地区。之所以这样，除了受自身时间、能力所限，还考虑到我们的大多数学生都来自于岭南地区，对这一区域有更深厚的文化积淀和更强烈的文化共鸣。

汉语的方言区划和行政区划虽有密切联系，但并非严格对应。现代广东省的方言可以分为三大区：以广州为中心的粤语、以梅县为中心的客家话和以汕头为中心的潮州话（闽南话的一种）[3]。这些方言作为文化的载体，每一种都承载着一种独特的文化。它记载着古代雅言的演变，在研究历史的传承、族群特征的体现、岭南文化的发展等方面都有着不可替代的文化价值。

虽然方言已如血液流淌全身般融入了我们的身体，但是若要书写出来却困难重重，因为方言没有规范对应的文字。方言所用的大部分文字都源于生僻的古字，现今在书面语中都很少使用，因此人们常以同音字代替，或新造别字代替，例如粤语地区的人们很喜欢以口字旁加同音字来造方言文字。在这个课题的研究过程中，我们也没有把重点放在追寻标准的文字书写或古文字对应上，也不作重新编造生字的尝试，而是遵循民间常见的书写方式——借用约定俗成的同音字来标注词汇，尽量保持一种时代性和鲜活性。但是这些文字在其他地区并无广泛的认受性，因此单纯依靠文字来打破方言沟通的壁垒是很难的，借助图形符号的超地域特性才有可能消除各方言之间的沟通障碍，并且会增加趣味性，触发异域文化相互了解的欲望。

三、视觉转译的作用与方法

从视觉认知和心理感受的角度看，人类的文化可以分为文本和图像两大类。口语和文字的发展记录着地域历史与民俗文化的传承，也会因地域的限制形成更大范围的沟通壁垒；而图形图像作为视觉设计的基础语言，在今天这个信息高速发展的读图时代，在文化的沟通交流上显得更为国际化。

在具体的图形转译中，我们研究了传统吉祥图形符号的创作手法，它着重于寓意吉祥的内涵，有别于一般的装饰图案。由于吉祥的内涵往往是一个抽象的概念，因此传统的吉祥图形创作常以具体形象解释抽象概念，将抽象的概念物化。睿智的中国人以丰富的想象力与联想力，先将抽象的概念与一具体的实物相联系，再将这种实物美化，并与其他吉祥物组合在一起，最后的效果，就是让人们在画面中读出那一抽象的概念。

语言亦是抽象的概念，因此，传统吉祥图案的创作方法对于用图形表达抽象概念的尝试有很好的借鉴作用。此外，我们也尝试从语言对应的文字入手，针对汉文字象形的特点，以文拆图，看能否得出有意思的图形。以下通过一些具体案例的展示进一步探讨这些方法的表现。

（一）谐音法：即以同音或相近的音借喻某一事物的表现方法。由于方言在书写上并无非常严格的文字对应规范，在民间交流或网络聊天中，人们普遍喜欢用同音字书写，因此，这个视觉转译的方法也契合了人们书写方言的习惯，亲切而容易理解。

[笑骑骑]

作品一／粤方言／陈安琪

[花生骚]
源自英文 fashion show

[马杀鸡]
源自英文 massage

[笨猪跳]
源自英文 bungee jumping

作品二／趣味外来词／金心宇

在方言尤其是粤语方言中，有一种特殊的词汇——外来词[4]。语言并非一成不变的东西，尤其是口语，当本土语言中某种事物暂时没有称谓的时候，借用外来词是相当正常而且普遍的，经过一段时间之后，这个外来词就被吸收成为本土语言的一部分。在某种程度上，外来词也反映了民族迁徙融合的变化。在外来词的书写上，通常使用“谐音法”，而且这些谐音所选用的汉字往往也兼顾原词的含义，使得外来词充满生动的意趣。在视觉转译上，我们把这些生动的元素组织还原成词汇描述的场景，并对应使用现代风格的图形表现，尽量传达这些近现代西方外来词汇的趣味性（例如作品二《趣味外来词》）。

（二）变形法：是将适当的汉字直接变化成图案，再陪衬其他借喻的元素。这种方法在传统的“福”“寿”“万字图”等吉祥图形中是很常见的。文字图形化在现代文字设计发展中也有不少成功的案例，我们对其借鉴创

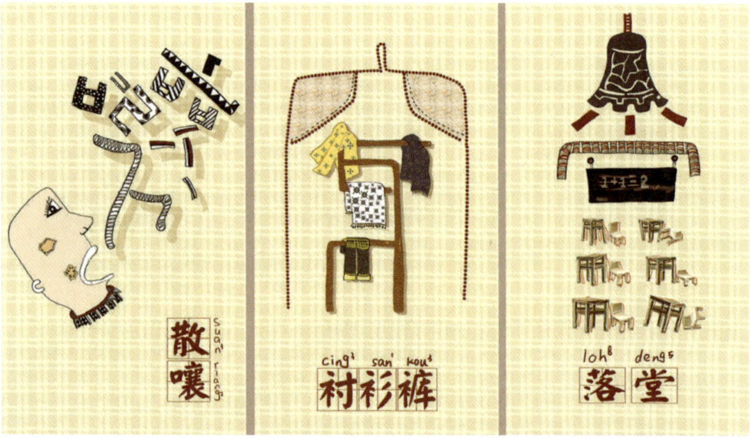

作品三／潮汕方言／陈琳冰

[团]　　[奴]　　[娘]

作品四／潮汕方言／丁宇

新，一来可以保持观者对此种图像的阅读习惯，二来也希望可以带出新鲜的视觉形式。例如陈琳冰同学在做潮汕方言词汇的视觉设计时（作品三），直接把词汇中的关键文字拆解、转化为形象的造型——“散嚷”的“嚷”字被拆得结构松散，如同小孩嘴里喊出的胡乱的话语，让人直观地看见词语的含义。丁宇同学为潮汕方言词汇设计的图形作品《字画爱情》（作品四），便是以他的家乡的一种传统的画字艺术[5]为基础，将文字笔画与相应形象结合，并通过对线条特征的提炼和设计，赋予了这些词汇简练直观的形象。

（三）比拟法：这种手法借鉴于文学，通过想象，托事寄情于物。在

[排排坐，食果果]

[讲大话，甩大牙]

作品五／粤方言／梁嘉瑶

文学修辞中，比拟包括拟物和拟人，而在现代视觉表达中，物化人形的方式似乎更常见，也就是我们常说的角色化。事物形态一旦拟人化，似乎就被赋予了能与观众产生共鸣的行为与情感，不仅视觉上容易产生吸引力，也容易激发情感信息的传递。

当然，在具体的创作实践中，我们很难完全孤立地去使用这些方法，更多时候是按照不同需求综合使用，灵活变通，目的只是想通过这个课题的初步尝试，用图形语言更直观、生动而幽默地表达方言的含义与魅力，

力求让人们在对此产生兴趣的同时能进一步了解各式词汇的意思，进而从语言开始产生了解不同地区文化习俗的愿望，并对不同的文化有更包容的心态。

在本课题的教学实践中，同学们以自己熟悉的各地方言为研究对象，分别对粤方言、潮汕方言、客家方言、东莞方言、洪江方言、郁南方言、洛阳方言等地方语言的特色及其视觉化的可能性作了探讨，针对不同的方言都有出色的尝试。由于来自广州及其周边地区的同学相对较多，因此探讨粤方言的作品也相对多一些。虽然非常想与广大读者分享不同地区方言视觉转译的尝试，但由于研究未成体系，还有待深入，因此，这次就先选择了基于粤方言为研究对象的视觉设计作品，作为初步探索的小成果，与大家分享，并期待方言文化、视觉文化领域的专家及同好们能给予宝贵意见，使我们在往后的研究中获得更开阔的视野和更专业的思考。

注释：

[1] 引自《礼记·王制》。

[2] 引自唐代贺知章《回乡偶书》。

[3] 《方言与中国文化》，广东省方言区划据《广东省地图集》（1966年）。

[4] 现代以前，汉语曾使用过“译语”“译名”“译词”“外国语”等词来指称外来词。“译语”一词在唐代首先开始使用，指经过翻译的语词。至明清两代即开始用“译语”来命名译馆（会同馆、

四夷馆）所编撰之“华夷译语”。同时还有使用至今的“译名”，但含义笼统，既可指意译词，也可指音译词。随着“词”的概念和名称在汉语中出现并固定下来，也开始出现“译词”一名。“外国语”则是通俗说法，并非正式的术语。“外来语”一词是20世纪初从日语借入的，一直到20世纪50年代初，主要限于指完全或部分音译的词，此外还增指从日语借入的汉字词。现在“外来语”主要在日语学界及台湾的语言学界，以及在讨论外来词范围的问题时使用，而“外来词”主要由中国大陆学者使用。

[5] 此处的“画字艺术”是指潮汕地区一些乡村保留的用更象形的方式来书写文字的一种民间艺术形式，该名称是笔者根据其艺术特色归纳的，并非准确的对应概念，还请专家读者给予补充指正。

YUE FANG YAN

粤方言

粤语，又称为广府话，它的名称来源于中国古代对岭南的称谓“越”（通“粤”）。讲这种语言的人集中分布在广东省的中部、西部、北部及香港、澳门，不同地区的粤语在发音、词汇上都会有些微差别。随着广东华侨的足迹遍布全球，海外也有很多讲粤语的人群，尤其是在东南亚、北美、英国及澳大利亚的华人社区，全球使用人数约 1.2 亿。

在魏晋南北朝时期，中原地区再次处于长年内战，北方更首次沦陷于外族手中，以致中原人逃至岭南地区，岭南地区汉族人口大量增加，这是中国历史上中原人口南迁的第一次高峰期。当时从中原传入的汉语与以前形成的古粤语——岭南百越民族的土话混合，拉近了古粤语和中原汉语的距离。后又经过不断的人口迁徙和语言混合，逐渐形成了特色鲜明的粤语。

辛亥革命推翻帝制，天下共和，首届国会曾提议奉粤语为中国“国语”，当时的国会议员广东人刚好过半，通过这一法案不成问题。但孙中山先生觉得不甚妥当，逐个劝那些粤籍同乡改变初衷，放弃具有九个声调、抑扬顿挫的广东话，而奉只有四个声调的北京话为国语，这使粤语与至尊地位失之交臂，屈居方言之位。

粤语对古代雅言音系的因素保存得较为明显。（1）无浊塞声母，古 -m、-n、-p、-t、-k 韵尾保留完整，有长短元音 a 构成的一组韵母。（2）声调多达 9 个：阴平、阳平、阴上、阳上、阴去、阳去、阴入、中入、阳入。（3）连读变调不明显，但有丰富的语义变调。（4）单音节古词较多，如“颈（脖子）”、“望（远望、盼望）”；有些词可能来自古楚语［如“睇（看）”］、古壮侗语［如“谂（想）”］；一些复音词的词序与普通话不同，如“齐整（整齐）”；有较多外来词，如“波（球）”、“呔（领带）”；有一批特有词，如“嘢（东西）”、“餸（下饭的菜）”、“攞（拿）”、“靓（漂亮）”。

粤方言的构词法丰富多彩，也保留了古汉语的韵味。例如量词可单独与名词构成量名短语，如“条裙几靓（这条裙子挺漂亮）”，有些状语可后置，如“行先（先走）”；比较句“我大过你（我比你大）”与双宾句“俾支笔佢（给他一支笔）”的词序都与普通话不同。其中有许多语序结构的倒置。倒置结构鲜见于古籍却多见于南方方言，如温州、闽南、潮汕、客家及粤海之地，有学者指出，此般现象乃古汉语南播之时与侗台语系诸语言长期接触之果，土生侗台语系语言中心词前置是其本身语法之结构。

在世俗意味方面，粤语中形容词或名词后面往往加两个衬字，增加了词语的韵律感，使词语更加具有世俗味，例如“多箩箩（很多）”、“懵盛盛（糊涂）”、“白雪雪（雪白）”、“牙刷刷（很拽）”、“湿立立（湿漉漉）”、“晕陀陀（晕乎乎）”、“心挂挂（牵肠挂肚）”等。此外，名词下加仔、女、佬、婆等词尾，也增加了词语的生动性，如：“凳仔（小凳子）”、“靓女（美女）”、“叻仔（聪明的男孩）”、“猪肉佬（卖猪肉的男人）”等。

BEN SHU ZHU YIN SHUO MING

本书注音说明

目前，中国内地、香港及西洋华埠所用的拼音方案各不相同，各处的粤语罗马化拼音方案或非罗马拼音方案种类繁多。本书词汇读音标示统一使用香港语言学学会粤语拼音[简称粤拼(jyut⁹ ping³)]之九调方案，例如："阉[jim¹]"、"掩[jim²]"、"厌[jim³]"、"严[jim⁴]"、"染[jim⁵]"、"验[jim⁶]"、"□[jip⁷]"、"腌[jip⁸]"、"叶[jip⁹]"。该套粤拼方案是由香港语言学学会于1993年制订的粤语罗马化拼音方案，且得到了香港教育、电脑中文资讯处理等多方面的支持。除了香港以外，中国台湾和日本也有使用此方案的输入系统出售，因此该系统遂成为目前标准化程度最高、使用最普遍的一种粤拼形式。

*□ 表示此发音在粤语中无对应文字。

1 粤语词汇图形设计

YUE YU CI HUI TU XING SHE JI

YUE YU CI HUI

粤语词汇

广府叠韵

笑骑骑　口花花　乌瀡瀡
嘴尖尖　手多多　心思思
面阻阻　口轻轻　口多多
晕陀陀　眼湿湿　心多多

广府“鸡”字俗语

伥鸡　走鸡　吹鸡　谢鸡
发鸡盲　鸡咁脚　鸡同鸭讲
鸡啄唔断　冇厘鸡笼
死鸡撑饭盖　鸡食放光虫

粤语湿湿碎

笑吟吟　眼湿湿　长濑濑
矮墩墩　密实实　光脱脱
黑蒙蒙　白雪雪　冻冰冰
热辣辣　滑捋捋　毛鬙鬙

半斤八两

乱吠　揾食　吹胀
够姜　湿滞　波士
恶睇　鸡碎　发威
扭计　折堕　通街走趯

童言童语

包剪揼　荷兰豆　点虫虫
伏匿匿　执到宝　顶呱呱
摸盲盲　洗白白　瀡滑梯
凼凼转　排排坐，食果果
讲大话，甩大牙

趣味外来词

肥佬　冷衫
茶煲　沟女
乐与怒　卖飞佛
花生骚　马杀鸡
唱散纸　笨猪跳

与鸡有缘

捞鸡　吹鸡　走鸡
鸡肠字　小学鸡　静鸡鸡
一蚊鸡　二撇鸡　三脚鸡
冇厘鸡笼　鸡同鸭讲　鸡啄唔断

生猛动词

掗拃　黐线　擒青
浪口　心息　拍拖
掟煲　偷鸡　一脚踢
炒鱿鱼

广府叠韵

● 设计：陈安琪

笑骑骑／口花花／乌瀡瀡／嘴尖尖／手多多／心思思／

面阻阻／口轻轻／口多多／晕陀陀／眼湿湿／心多多

关于方言的视觉转译，我选择的是我从小到大一直在说的佛山话。事实上，佛山话除了某些声母、韵母和一些习惯用语的读音跟广州话有所不同以外，其他的都没有什么差别，因为佛山话和广州话都同属广府话，因此我研究的方言实际上是广府话。

经过对广府话进行资料搜集，我选定了两个词汇方向，一个是叠词，另一个是外来词。最后我确定的方向是用于形容人的叠词。

广府话中用于形容人的叠词其实很可爱，不但读起来让人觉得很亲切、很有意思，写出来也更加接近人对被形容人的感受。最后在用于形容人的叠词中我选出了 12 个。

因为我想通过此次的图形符号设计，让大家（无论是说广府话长大的人还是其他语系的人）更了解广府话的有趣之处，让大家对广州、佛山一带的广府文化更感兴趣，所以我在视觉上搜集了有关广府文化的元素，包括醒狮文化、秋色文化、佛山石湾公仔、木版年画，还有我们小时候很喜欢在公园玩的儿童沙画，以它们为形式与我的图形相结合。

首先，我画出 3 种不同形式的草图。接着，我选择了“口花花”这个词汇来做出 5 种不同的表现形式。正稿所运用的表现形式是儿童沙画与木版年画的结合，让整个图案更具有广府文化的味道。人物为醒狮小女演员。

siu3 ke4 ke4

笑骑骑

例句｜笑骑骑，放毒蛇。

翻译｜笑眯眯地在背后耍阴谋诡计。

hau^{2} faa^{1} faa^{1}

口花花

例句 | 我唔中意口花花嘅人。

翻译 | 我讨厌油嘴滑舌的人。

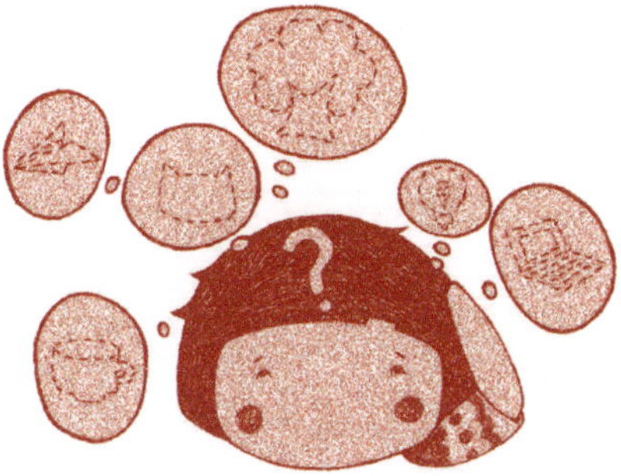

wu[1] seo[4-2] seo[4]

乌潲潲

例句 | 佢个人咁乌潲潲嘅。

翻译 | 他这个人怎么这么稀里糊涂的。

zeoi[2] zim[1] zim[1]

嘴尖尖

例句 | 哩个细路嘴尖尖。

翻译 | 这个小孩很挑食。

sau[2] do[1] do[1]

手多多

例句 | 你点解咁手多多嘴?

翻译 | 你怎么这么手痒痒啊?

sam[1] si[1] si[1]

心思思

例句 | 个男仔成日心思思。

翻译 | 那个男孩心里老是想着她。

min[6] zo[2] zo[2]

面阻阻

例句 | 佢哋两姊妹经常面阻阻。

翻译 | 她们两姐妹经常闹不和。

hau² heng¹ heng¹

口轻轻

例句 | 你唔好口轻轻。

翻译 | 你别说话不负责任。

hau² do¹ do¹

口多多

例句 | 女仔唔好口多多。

翻译 | 女孩不要多嘴多舌。

wan[4] to[4] to[4]

晕陀陀

例句 | 攰到我晕陀陀。

翻译 | 累得我晕头转向。

ngaan[5] sap[7] sap[7]

眼湿湿

例句 | 佢睇电影睇到眼湿湿。

翻译 | 她看电影看得眼泛泪光。

sam[1] do[1] do[1]

心多多

例句 | 一到哩个时候我就会心多多。

翻译 | 每到这个时候我就会胡思乱想。

方言词汇释义

笑骑骑

笑口常开，笑哈哈，笑个不停的样子。

口花花

形容人把话说得很好听，有点油腔滑调的感觉。

乌瀡瀡

形容人稀里糊涂的，什么都不清楚。

嘴尖尖

形容人品尝食物味觉灵敏，跟小鸟一样挑食；吃东西爱挑剔，不将就。

手多多

形容看到什么东西都要碰一下的习惯。

心思思

形容一个人偷偷地想着一些人或事物，总惦记着不能释怀。

面阻阻

与别人翻脸后相互见了面不理不睬的尴尬情形。

口轻轻

轻易答应别人但不一定做得到。形容轻嘴薄舌，说话不负责任。

口多多

形容多嘴多舌，口不择言。

晕陀陀

晕乎乎的，形容晕眩得天旋地转。

眼湿湿

眼泛泪光的样子。

心多多

指一个人喜欢的东西很多，却又难以抉择。

粤语湿湿碎

● 设计：许秋洁

笑吟吟 / 眼湿湿 / 长濑濑 / 矮墩墩 / 密实实 / 光脱脱 / 黑蒙蒙 / 白雪雪 / 冻冰冰 / 热辣辣 / 滑捋捋 / 毛髻髻

此系列图形设计以粤语形容叠词 ABB 形式作为设计主题，以叠词形象生动、活泼有趣的特征作为出发点，采用“无厘头”卡通公仔形象来帮助母语为普通话的人士掌握作为广东日常描述用语的一些形容词。

词汇总共有 12 个，为了对比其独特之处，挑选两个意思接近相反的词汇为一组，如“白雪雪”与“黑蒙蒙”。同时，为了凸显点线面在布局上的合理关系，既要美观又要简练，要兼顾到视觉效果上的方方面面，于是采用像素化造型作为表现形式，并运用鲜艳的色彩来丰富叠词的可爱之处，标明粤语读音声调，让人一目了然，使人们能够更容易动口去读出粤语的发音。

siu[3] jam[4] jam[4]

笑吟吟

例句 | 见你笑吟吟咁，有咩好事啊？

翻译 | 看你笑眯眯的样子，有什么好事啊？

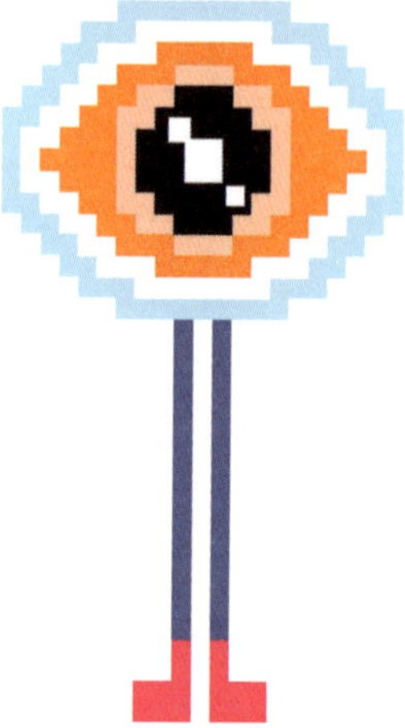

ngaan^5 sap^7 sap^7

眼湿湿

例句　我个 friend 成日睇韩剧睇到眼湿湿咁。

翻译　我的朋友整天看韩剧看到眼泪汪汪。

coeng^4 laai^4 laai^4

长濑濑

例句　条围巾咁长濑濑，边好睇啊？

翻译　这条围巾这么长，怎么会好看啊？

ngai^2 dat^7 dat^7

矮墩墩

例句　你生到矮墩墩咁，着咩都唔好睇喇。

翻译　你长得这么矮小，穿什么都不好看啦。

mat⁶ sat⁹ sat⁹

密实实

例句 | 着到密实实惊走光咩?

翻译 | 穿得这么严实是怕走光吗?

gwong¹ tyut⁷ tyut⁷

光脱脱

例句 | 个细路啱冲完凉，仲光脱脱就周围走。

翻译 | 那小孩刚洗完澡，还一丝不挂就到处跑。

haak[7]mang[1]mang[1]

黑蒙蒙

例句 | 去亲海滩都会晒到黑蒙蒙噶啦。

翻译 | 每次去海滩都会晒得黑黝黝的。

baak[6] syut[1]syut[1]

白雪雪

例句 | 你用咗乜防晒啊，皮肤仲咁白雪雪嘅？

翻译 | 你用了什么防晒霜，皮肤还是那么白嫩？

dung^{3} bing^{1} bing^{1}

冻冰冰

例句 | 碗汤冻冰冰咁唔好饮啦，小心肚痛啊！

翻译 | 那碗汤冷冰冰的别喝了，小心肚子疼啊！

jit^{9} laat^{9} laat^{9}

热辣辣

例句 | 热辣辣嘅《广州日报》买份睇了喂！

翻译 | 最新出版的《广州日报》买一份看看吧！

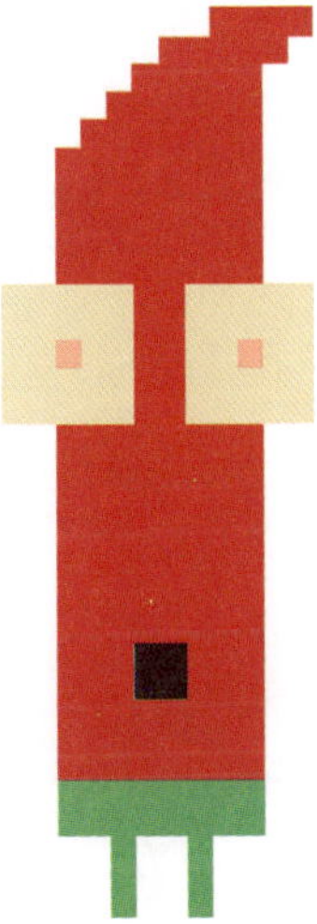

waat^{9} lyut^{7} lyut^{7}

滑捋捋

例句 | 哩只脱毛膏好好用啊，用完皮肤滑捋捋咁。

翻译 | 这款脱毛膏很好用，用完之后皮肤滑溜溜的。

mou^{4} sang^{4} sang^{4}

毛髻髻

例句 | 只蜘蛛毛髻髻咁好核突啊！

翻译 | 这只蜘蛛毛茸茸的好恶心啊！

方言词汇释义

笑吟吟

笑眯眯。

眼湿湿

流泪的样子。

长濑濑

长长的，太长的。

矮墩墩

指人长得很矮。

密实实

封闭得紧紧的，严严实实的。

光脱脱

光溜溜的，完全裸露，脱得一丝不挂。

黑蒙蒙

黑咕隆咚，黑漆漆的。

白雪雪

雪白的，白白净净的。

冻冰冰

冷冰冰的。

热辣辣

形容很烫，像火烧一般。也用来形容新鲜出炉的东西。

滑捋捋

滑溜溜的。

毛髻髻

毛茸茸的，毛发浓密的样子。

童言童语

● 设计：梁嘉瑶

包剪揼／荷兰豆／点虫虫／伏匿匿／执到宝／顶呱呱／摸盲盲／洗白白／瀡滑梯／凼凼转／排排坐，食果果／讲大话，甩大牙

我的设计对象是粤语方言词汇，刚开始确定了两个方案，一个是关于儿时的歌谣游戏的，一个是关于方言中歇后语的。而我则偏向于儿时歌谣这个方案。

儿时歌谣这个方案是：从粤语儿歌游戏用语中，提取有趣的词语，进行图形化。在搜集资料的过程中， 我得知许多关于儿时歌谣方面的评论，很多资料都显示出，因为幼儿园要推广普通话，现在的小孩子们其实已经很少接触传统的儿童歌谣了，变相磨灭掉了当地的方言。对粤语儿歌，我是有很深体会的，因为我是听粤语儿歌长大的，在粤语儿歌里面，其实可以学到许多我们本地的词汇、本地有趣的游戏，可以接触到传统方言留给我们的宝贵的文化。

我这套图形设计面向的群体是现在广州本土的儿童，从卡片里简单的图形中，能让他们接触到影响了很多代广州本地人的儿童歌谣、儿时的游戏、儿时常讲的一些地道方言词汇，让他们能从简单的图形中，慢慢认识以及接受就快消失的儿童歌谣。我这套图形设计最终的展现形式为向上翻开的卡片，因为我想使儿童在翻开卡片的同时，更进一步读懂儿时歌谣里面出现的方言词汇。

baau[1] zin[2] dap[9]

包剪揼

例句　我哋嚟玩包剪揼，边个输咗边个请食饭。

翻译　我们来玩剪刀石头布，谁输了就要请吃饭。

ho4 laan1 dau2

荷兰豆

例句 | 今晚嘅晚餐有荷兰豆炒腊味。

翻译 | 今晚的晚餐有荷兰豆炒腊肉。

dim2 cung4 cung4-2

点虫虫

例句 | 点虫虫，虫虫飞。(取自粤语童谣歌词)

翻译 | 数虫子，虫子飞。

buk⁹ lei¹ lei¹

伏匿匿

例句 | 我细个嗰时成日同我嘅朋友仔一齐玩伏匿匿。

翻译 | 我小时候常和我的朋友们玩捉迷藏。

zap⁷ dou² bou²

执到宝

例句 | 地上执到宝，问天问地攞唔到。

翻译 | 地上捡到宝，问天问地要不到。

ding² gwaa¹ gwaa¹

顶呱呱

例句 | 我帮阿爷买年花，阿妈赞我顶呱呱。

翻译 | 我帮爷爷买年花，妈妈夸我棒。

mo²maang⁴maang⁴⁻¹

摸盲盲

例句　摸盲盲係我哋细个嗰时成日玩嘅一种游戏。

翻译　躲猫猫是我们小时候常玩的一种游戏。

sai² baak⁶ baak⁶

洗白白

例句　跑完步成身汗，一定要去洗白白。

翻译　跑步后浑身是汗，一定要去洗个澡。

soe^{4} waat^{9} tai^{1}

瀡滑梯

例句 | 我细个嗰阵最中意去儿童公园玩瀡滑梯。

翻译 | 我小时候最喜欢去儿童公园玩滑滑梯。

tam^{4} tam^{4} zyun^{3}

氹氹转

例句 | 一到过年过节就忙到我氹氹转。

翻译 | 每到过年过节我就会忙得团团转。

paai⁴ paai⁴ co⁵ sik⁶ gwo² gwo²

排排坐，食果果

例句 | 我哋排排坐，吃果果，你一个来我一个。（取自粤语童谣歌词）

翻译 | 我们一个挨着一个坐成一排，吃果果，你一个呀我一个。

gong² daai⁶ waa² lat¹ daai⁶ ngaa⁴

讲大话，甩大牙

例句 | 妈妈成日话，小朋友讲大话会甩大牙。

翻译 | 妈妈总是说，撒谎的小朋友会掉大牙。

方言词汇释义

| 包剪揼 |

剪刀石头布（一种猜拳游戏）。

| 荷兰豆 |

即是豌豆。

| 点虫虫 |

一种儿童游戏。

| 伏匿匿 |

躲猫猫游戏。

| 执到宝 |

捡到宝贝，形容意外得到好处或遇到好事。

| 顶呱呱 |

称赞语，表示非常好。

| 摸盲盲 |

蒙着眼睛玩的一种类似捉迷藏的游戏。

| 洗白白 |

洗澡。

| 瀡滑梯 |

从滑梯上滑下来。

| 氹氹转 |

团团转。亦为一种“转圈圈”游戏。

| 排排坐，食果果 |

坐成一排一起吃水果（出自一首儿歌）。

| 讲大话，甩大牙 |

撒谎就会掉大牙。

与鸡有缘

● 设计：陈嘉昕

捞鸡／吹鸡／走鸡／鸡肠字／小学鸡／静鸡鸡／

一蚊鸡／二撇鸡／三脚鸡／冇厣鸡笼／鸡同鸭讲／鸡啄唔断

鸡是广东人餐桌上不可缺少的佳肴，而在日常交流的粤语中有许多与鸡有关的俗语，如：“二撇鸡”、“鸡同鸭讲”等等，表达形象，非常有趣。我选择设计的主题便是粤语中与鸡有关的方言词汇。

在画草图的阶段我尝试了 5 种不同的表现手法，个人最喜欢那种将光滑的有色胶片的视觉效果混合线条表现的符号化的图形风格。但是最后我还是选择了较容易做的另一种手法——用真实的照片相互叠加处理，将图形中“辅”的部分先去掉，再通过软件处理，将两个带有透明度的图像相互交错叠加来生成新的合成图像，并将完成图中主要的部分用纯度较高的亮色来强调。

lou[1] gai[1]

捞 鸡

例句｜今次你捞鸡啦，咁筝嘅差事都俾你碰到。

翻译｜这次你捞着好处啦，遇上了这样的好差事。

ceoi[1] gai[1]

吹鸡

例句 | 我哋嘅廿周年聚会就等你吹鸡啦。

翻译 | 我们的二十周年聚会就等着你来牵头啦。

zau^{2} gai^{1}

走鸡

例句 | 今次你再唔嚟就走鸡了。

翻译 | 这次你再不来就错失机会了。

gai^{1} coeng^{4} zi^{6}

鸡肠字

例句 | 嗰哋鸡肠字完全睇唔明。

翻译 | 那些英文完全看不明白。

siu^{2} hok^{6} gai^{1}

小学鸡

例句 | 嗰班小学鸡真係无忧无虑啊。

翻译 | 那群小学生真是无忧无虑啊。

zing6 gai1 gai1

静鸡鸡

例句 | 佢静鸡鸡去睇咗场戏。

翻译 | 他悄悄地去看了场电影。

jat1 man1 gai1

一蚊鸡

例句 | 全场一蚊鸡任拣。

翻译 | 全场一块钱任选。

ji6 pit3 gai1

二撇鸡

例句 | 最近啲男明星好流行二撇鸡造型。

翻译 | 最近那些男明星很流行唇上留胡子。

saam[1] goek[8] gai[1]

三脚鸡

例句 | 宜家喺大城市度基本见唔到三角鸡了。

翻译 | 现在在大城市里基本见不到机动三轮车了。

mou[5] jim[2] gai[1] lung[4]

冇厣鸡笼

例句 | 哩度唔係冇厣鸡笼，你话嚟就嚟，话走就走嘅。

翻译 | 这里不是没人管的地方，你说来就来，说走就走的。

gai[1] tung[4] aap[3] gong[2]

鸡同鸭讲

例句 | 同你讲嘢真係鸡同鸭讲！

翻译 | 真是没有办法和你沟通！

gai[1] doeng[1] m[4] tyun[5]

鸡啄唔断

例句 | 你唔好成日鸡啄唔断啦。

翻译 | 你别老是说个没完。

方言词汇释义

捞鸡

做完事得到好处。

吹鸡

指吹哨子。在某种场合下是指号召、召集。

走鸡

①原指失去了一次发财的机会，后引申为错过了好机会、失去时机。与“走宝”同义。②逃脱，又有“走甩鸡”之说法。

鸡肠字

由于外文字的手写体通常弯弯曲曲，形似鸡肠，故将外文字戏称鸡肠字，多指英文。

小学鸡

小学生。

静鸡鸡

静悄悄地。

一蚊鸡

一块钱。

二撇鸡

嘴上的八字胡须。

三脚鸡

特指一种三个轮子的机动车。

冇掩鸡笼

没有门的鸡笼，鸡自然可以出入自由。用以形容某些单位、部门纪律松懈、疏于管理的现象；或指失去了约束力。掩，古语中指可活动之遮盖。

鸡同鸭讲

鸡、鸭的语言不同，无法沟通。戏指使用不同国家语言或不同方言的人们在进行交谈时，彼此之间谁也听不懂对方说什么，就如鸡鸭对话，白费口舌；有时亦比喻话不投机。

鸡啄不断

如鸡啄米般不停不断，或者说连鸡都啄不断，形容说起话来没完没了，絮絮叨叨，令人生厌。

广府鸡字俗语

● 设计：麦瑞欣

伥鸡／走鸡／吹鸡／谢鸡／发鸡盲／鸡咁脚／鸡同鸭讲／鸡啄唔断／冇厣鸡笼／死鸡撑饭盖／鸡食放光虫

我所选的方言是广府话，研究方向是带有“鸡”字的俗语。利用广府话中带有“鸡”字的俗语，创作一系列推广广府文化的图形作为主题。

图形的构思，我提取了“鸡”这个元素作为整个系列图形的主体，让人看后更容易接受与理解。鸡的形象，我利用拼合的方式将它们组合，主要以三角形为主，更加突出鸡的局部特征（例如嘴巴），使得鸡的形象更为突出。整体的表现手法，我吸取了广府文化中最具代表性之一的工艺美术——剪纸，利用剪纸中镂空的形式，与几何形态作了一个结合，而且选取剪纸的颜色——红色，使得图形既有传统的感觉又带有现代感。用材方面，我选用了牛皮纸，从而更能体现广府当地的色调。希望通过这一系列的图形，能够让不懂广府话的人初步了解当地的语言，并感受一下广府文化，把广府话进一步地推广出去。

caang4 gai1

伥鸡

例句　后生女咁伥鸡，以后点嫁得出去啊？

翻译　年轻姑娘这么霸道，以后怎么能嫁出去啊？

zau2 gai1

走鸡

例句　我喺外国带咗手信俾你，你如果唔要就走鸡了。

翻译　我从外国给你带了手信，你如果不要就错失机会了。

ceoi1 gai1

吹鸡

例句 | 我几时都得闲出嚟叙旧，等你吹鸡啫。

翻译 | 我什么时候都可以出来聚会，就等你组织了。

ze6 gai1

谢鸡

例句 | 佢患咗癌症，喺五年前就已经谢鸡了。

翻译 | 他患了癌症，五年前就已经死了。

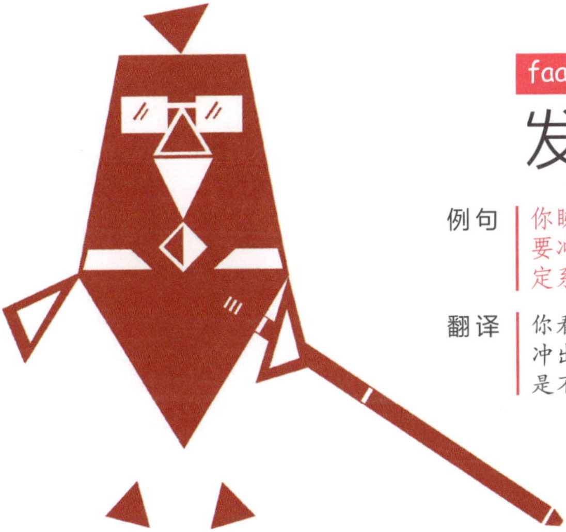

faat³ gai¹ maang⁴

发鸡盲

例句　你睇到咁大部车都仲要冲出去，係发鸡盲定系嫌命长啊？

翻译　你看到这么大的车还冲出去，是瞎了眼还是不要命了？

gai¹ gam² goek³

鸡咁脚

例句　老师每次一布置作业，小明就鸡咁脚走咗了。

翻译　老师每次布置作业，小明就快速地逃走了。

gai¹ tung⁴ aap³ gong²

鸡同鸭讲

例句 两个人用唔同嘅语言倾计，真係鸡同鸭讲了。

翻译 两个人用不同的语言进行交流，真的是谁也听不懂对方在说什么。

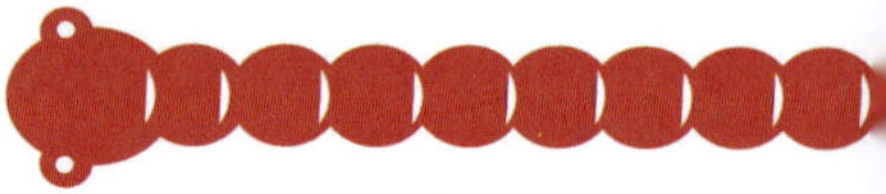

gai¹ doeng¹ m⁴ tyun⁵

鸡啄唔断

例句 嗰个人一直喺我面前鸡啄唔断，好烦。

翻译 那个人一直在我的面前不停地说话，真烦人。

mou5 jim2 gai1 lung4

冇厣鸡笼

例句 | 成个公司管理不善，就好似冇厣鸡笼咁，自出自入。

翻译 | 整个公司管理不善，没有约束似的，自由出入没人管。

sei[2] gai[1] caang[1] faan[6] goi[3]

死鸡撑饭盖

例句 | 你明明跑步就唔够我快，仲要喺度死鸡撑饭盖。

翻译 | 你明明知道自己跑步没有我快，还要在这里硬撑着。

gai[1] sik[6] fong[3] gwong[6] cung[4]

鸡食放光虫

例句 | 佢做过嘅嘢佢自己鸡食放光虫——心知肚明啦。

翻译 | 他做过的事他自己心知肚明。

方言词汇释义

伥鸡

形容人十分霸道，蛮不讲理。与南汉末代君主“刘鋹”的外号有关，因为刘鋹的私人兴趣是养鸡。后来演变成“伥鸡”。

走鸡

①原指失去了一次发财的机会，后引申为错过了好机会、失去时机。与“走宝”同义。②逃脱，又有“走甩鸡”之说法。话说旧时候，鸡是珍贵的食料，只有在大时大节或是要进补的时候才会吃鸡。鸡本身就是宝，所以走鸡（鸡走掉了）是很大的一件事。

吹鸡

指吹哨。现在看报纸杂志，经常看到记者会说某人或某组织“吹鸡”。在这种场合下，“吹鸡”是指号召、召集。在小学、中学里，老师在小息时间结束时或在体育课上召集学生集中排队，往往会采用吹哨子的方式，“吹鸡”的前述含义，也因此而来。

谢鸡

连鸡也谢幕了。人死了以后，其后人杀鸡跪拜，这就叫谢鸡。

发鸡盲

因为鸡到了傍晚时就开始视力下降，看不清东西，受到惊吓就会乱撞。如果没注意撞到别人，别人就会说你“发鸡盲”，也指患了夜盲症。

鸡咁脚

字义是说像鸡的脚那样。因鸡脚走动极快，用以比喻走得快，贬指人匆忙、快速地奔走、逃避。

鸡同鸭讲

鸡、鸭的语言不同，无法沟通。戏指使用不同国家语言或不同方言的人们在进行交谈时，彼此之间谁也听不懂对方说什么，有如鸡鸭对话白费口舌；有时亦比喻话不投机。

鸡啄唔断

如鸡啄米般不停不断，或者说连鸡都啄不断，形容说起话来没完没了，絮絮叨叨，令人生厌。

冇厣鸡笼

没有门的鸡笼，鸡自然可以出入自由。用以形容某些单位、部门纪律松懈、疏于管理的现象；或指失去了约束力。厣，古语中指可活动之遮盖。

死鸡撑饭盖

刚宰杀、洗净后的鸡脚关节是柔软的，将鸡放进锅里煮时，鸡脚筋受热收缩，鸡脚便立刻撑直。①比喻做某些事时力量不足但却硬撑着干。②明明理屈词穷，却仍死嘴硬顶，与“强词夺理”近义。

鸡食放光虫

放光虫，即萤火虫。鸡觅食时总喜欢啄小虫。萤火虫被鸡吃进肚子里，鸡肚自然被照亮了。鸡的心里当然明白——肚子为何会发光。此语用来比喻对某件事情的来由、经过或者真相非常清楚、明了。

半斤八两

设计：黄 珂

乱吠／揾食／吹胀／够姜／湿滞／波士／

恶睇／鸡碎／发威／扭计／折堕／通街走趯

所有词汇均来自歌手许冠杰的歌曲《半斤八两》。

完整歌词：我哋呢班打工仔，通街走趯直头係坏肠胃，揾嗰些少到月底点够洗（奀过鬼），确係认真湿滞；最弊波士嘟啲发威（癫过鸡），一味喺处係唔係乱嚟吠，噏亲加薪块面攞起恶睇（扭下计），你就认真开胃。（半斤八两）做到只积咁嘅样，（半斤八两）湿水炮仗点会响，（半斤八两）够姜呀揸枪走去抢，出咗半斤力，想话攞番足八两，家阵恶揾食，边有半斤八两咁理想（吹胀）。我哋呢班打工仔，一生一世为钱币做奴隶，嗰种辛苦折堕讲出吓鬼（死俾你睇），咪话冇乜所谓。（半斤八两）就算有福都冇你享，（半斤八两）仲惨过滚水渌猪肠，（半斤八两）鸡碎咁多都要啄，出咗半斤力，想话攞番足八两，家阵恶揾食，边有半斤八两咁理想。

lyun⁶ fai⁶

乱 吠

例句｜一味喺处係唔係乱嚟吠。

翻译｜老是在那里不管什么都乱骂一顿。

wan^{2} sik^{6}

揾食

例句　家阵恶揾食，边有半斤八两咁理想。

翻译　现在讨生活难，哪有出半斤力，能拿回八两报酬这么理想的事。

ceoi1 zoeng2

吹胀

例句 | 家阵恶揾食，边有半斤八两咁理想（吹胀）。

翻译 | 现在讨生活难，哪有出半斤力，能拿回八两报酬这么理想的事（真没办法）。

gau3 goeng1

够姜

例句 | 够姜呀揸枪走去抢。

翻译 | 有种就拿枪去抢吧！

sap1 zai6

湿滞

例句 | 确係认真湿滞。

翻译 | 确实非常倒霉。

bo[1] si[6]

波士

例句 | 最弊波士啲啲发威。

翻译 | 最糟的是老板动不动就发脾气。

ngok[3] tai[2]

恶睇

例句 | 噏亲加薪块面攞起恶睇。

翻译 | 一提起加工资，老板脸色就非常难看。

gai[1] seoi[3]

鸡碎

例句 | 鸡碎咁多都要啄。

翻译 | 一丁点都要争。

faat3 wai1

发威

例句 | 最弊波士嘟啲发威。

翻译 | 最糟的是老板动不动就发脾气。

nau[2] gai[3]

扭计

例句｜噏亲加薪块面攞起恶睇（扭下计）。

翻译｜一提起加工资老板脸色就非常难看(抗议一下)。

zit[3] do[6]

折堕

例句｜嗰种辛苦折堕讲出吓鬼。

翻译｜那种辛苦坎坷讲出来都吓死人。

tung[1] gaai[1] zau[2] dek[9]

通街走趯

例句 | 通街走趯直头係坏肠胃。

翻译 | 到处奔波简直是折磨肠胃。

方言词汇释义

乱吠

无缘无故地乱说话、乱骂人。

揾食

原意为找吃的；引申为打工，找工作。

吹胀

憋了一肚子的气但又无从发泄，用来形容无可奈何的心境。

够姜

姜，厉害的、老辣的；意为有胆量、敢作为。

湿滞

这个词源自中医，指消化不良，用来表达事情很麻烦，不好办、不顺利的意思。因为南方气候潮湿，很多人会消化不良，就是“滞”。有常饮汤水、凉茶，帮助去湿滞的习惯。

波士

该词是外来词，来自英文“boss”的音译，意为老板、上司。

恶睇

很难看，通常指脸色难看，黑脸。

鸡碎

一丁点，比喻量很少。这个俗语正确写法是“鸡膆咁多”。“膆”亦作“嗉”，读“碎”或“素”音，是鸟类食管下半段用来暂存食物的部分，当装满食物时会膨胀，很像袋子的形状，但对于人来说它还是很小。

发威

显示威风。粤语里常说“老虎唔发威当病猫”，意思就是老虎应该有虎威，不然就成了病猫一样被人瞧不起。

扭计

撒娇，闹别扭，通常指小孩子闹脾气。

折堕

倒霉，陷入凄凉的境地。常有从前风光或者本来能获得更好待遇的人，遭遇难堪境况的意味。折者，断，损失、弯曲也，夭折、折磨和折腰都有衰落，失意，委屈甚至死亡的意思；堕者，坠落也。二者皆形容人生命运的落泊，广东人常常用来表达厄运和报应的意思。

通街走趯

满大街走来走去，形容忙碌奔波。趯，有“赶”的意思，通街走趯表示被老板催赶着，在大街上到处跑业绩。

趣味外来词

● 设计：金心宇

肥佬／冷衫／茶煲／沟女／乐与怒／卖飞佛／
花生骚／马杀鸡／唱散纸／笨猪跳

这一系列的图形所介绍的 10 个词属于粤语中的外来词汇。粤语是中国方言中最活泼的语言之一，思想开放、勇于接受外来事物的广东人当然也在其语言体系中接受外来语言的词汇，其中主要的就是英语外来词。广东人自明朝起就是跟外国人打交道的先头部队，清朝末年第一批出国留学的幼童当中，广东人占了多数，其中就有“留学生之父”容闳和“中国铁路之父”詹天佑。之后又有大批广东沿海地区的男丁“卖猪仔”到美国当“外劳”。所以，粤语里渐渐增加了许多来自英语的词汇。当了英国近一百年殖民地的香港，更是在其通用语言广东话中增添了大量的英语外来词。

在找资料的过程中，发现这些词不仅读音和原词相似，而且在意思上也有很有趣的联系（例如“花生骚”和“fashion show”，“乐与怒”和“rock and roll”）。于是我设计了这一系列图形以尝试找到它们之间存在的有趣而微妙的关系，来帮助不懂粤语的同学们从外语这一切入点来学习粤语。在风格上，我用马赛克的方式来让图形变得更有趣，从而激发读者学习的兴趣。

fei⁴ lou²

肥佬

例句 | 睇怕今次英文考试又肥佬啦。

翻译 | 看来这回英文考试又不及格了。

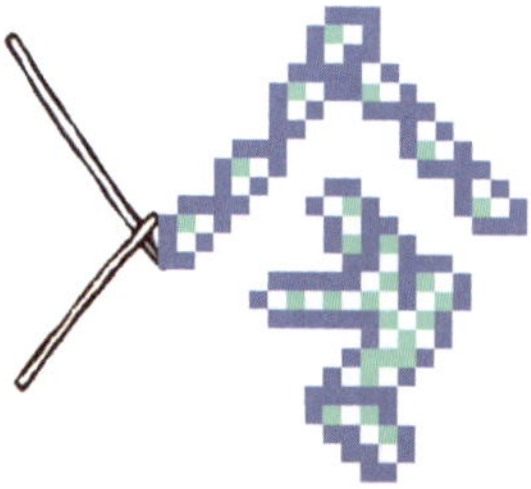

laang1 saam1

冷衫

例句 | 宜家啲后生女都冇几个识织冷衫嘞啦。

翻译 | 现在的女孩已经没有几个会织毛衣的了。

caa4 bou1

茶煲

例句 | 好人好姐咁茶煲，真係服咗你嘞。

翻译 | 好端端的人这么婆婆妈妈，真服了你啦。

kau1 neoi2

沟女

例句 | 小说里面嘅韦小宝係沟女高手。

翻译 | 小说里的韦小宝是追女孩的高手。

lok9 jyu5 nou6

乐与怒

例句 | Beyond 乐队令当时嘅香港青年了解咗“乐与怒”嘅精神。

翻译 | Beyond 乐队让当时的香港青年了解了摇滚精神。

maai^{6} fei^{1} fat^{6}

卖飞佛

例句 | 榴梿酥简直系卖飞佛。

翻译 | 榴梿酥真是我的最爱。

faa^{1} sang^{1} sou^{1}

花生骚

例句 | 山本耀司最新嗰季花生骚真係好正啊。

翻译 | 山本耀司最新那个季度的时装秀真是很棒。

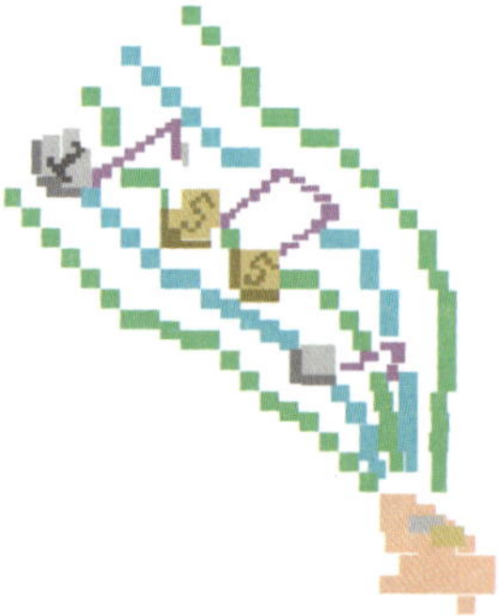

maa5 saat8 gai1

马杀鸡

例句｜泰式马杀鸡好出名嘅。

翻译｜泰式按摩很有名的。

coeng3 saan2 zi2

唱散纸

例句｜我细妹去咗隔离档口唱散纸。

翻译｜我妹妹去了旁边的店铺换零钱。

ban6 zyu1 tiu3

笨猪跳

例句｜玩笨猪跳要好有勇气先得嘅。

翻译｜玩蹦极一定要很有勇气才行。

方言词汇释义

肥佬

英文 failure 的音译，意为失败，不及格。

冷衫

毛衣。不是因为它是冷天穿的衣衫才这么叫的，“冷”字的读音来自法语 laine，指毛线。

茶煲

英文 trouble 的音译，意为婆妈、麻烦。

沟女

沟，来源于英文 court，有“追求”的意思。因此，“沟女”意为追女孩。

乐与怒

英文 rock and roll 的音译，也是香港殿堂级摇滚乐队 Beyond 发行的第九张专辑的名字，泛指摇滚乐。

卖飞佛

卖飞佛，是一种潮流语言，意为我的最爱，为英文 my favourite 的音译。

花生骚

源于英文 fashion show，意为时装秀。

马杀鸡

源于英文 massage，也有一种说法是源于日本语まさち（masachi），意思是推拿、按摩。

唱散纸

找零钱。唱，发音接近英文单词 change，表示“零钱”的意思。散纸，指小面额钞票，也就是零钱。

笨猪跳

Bungee Jumping 是起源于英国的一项户外休闲活动。在香港、台湾地区，人们音译为“笨猪跳”，作这种译法是因为 Bungee 与粤语中“笨猪”的发音差不多，当然，也有只有笨猪那么傻的人才会往下跳的意思。

生猛动词

● 设计：鲁 晴

挜拃／麟线／擒青／浪口／心息／
拍拖／掟煲／偷鸡／一脚踢／炒鱿鱼

我选择的研究对象是粤语方言。我从小生长在深圳，从小说粤语，对粤语有浓厚的感情，因此，我选择了这种具有很大包容性的方言作为我研究视觉转译的对象。它的多元化与趣味性，有很大的研究空间，而我选择了粤语中的动词来做图形设计。广东话博大精深，因此，它的词语大多是形象生动或是有典故的，而我正想去挖掘这趣味性的一点。

起初，画出来的图形大多是达意的，但是还不够简练生动，因此我尽力地去调整完善，目的是希望读者能更轻松、更深入地了解粤语。在设计表达上，首先是表述，要学习如何正确地传递信息，然后才是归纳，就是如何更简洁、有效地传达。前人所说的“信、达、雅”大概就是这个意思吧。对于我来说，言简意赅是个难题，如何在复杂的图形上做减法而又能不失其本意，是我在这个课程中学习及实践的重点。

最后，我选择了轻松的手绘插画形式，比较诙谐幽默，让人感觉更亲近、更容易接受。希望有更多人愿意亲近粤语，了解粤语。

ngaa⁶ zaa⁶

揶拃

例句 | 呢张枱咁大，真係太揶拃喇。

翻译 | 这张桌子那么大，真是太碍事了。

ci1 sin3

黐线

例句 | 你唔好嘟唔嘟就话人黐线。

翻译 | 你别动不动就说别人神经病。

kam4 ceng1

擒青

例句 | 早啲出门就唔使搞到咁擒青啦。

翻译 | 早点出门就不会弄得那么匆忙了。

long[2] hau[2]

浪 口

例句 | 朝早起身第一件事就係浪口。

翻译 | 早上起来第一件事就是漱口。

sam[1] sik[1]

心 息

例句 | 考唔到律师牌佢係唔会心息嘅。

翻译 | 考不到律师执照他是不会死心的。

paak[3] to[1]

拍拖

例句 | 明星拍拖嘅对象通常係媒体关注嘅焦点。

翻译 | 明星谈恋爱的对象往往是媒体关注的焦点。

deng[3] bou[1]

掟煲

例句 | 听讲佢地上个月掟咗煲。

翻译 | 听说他们上个月分手了。

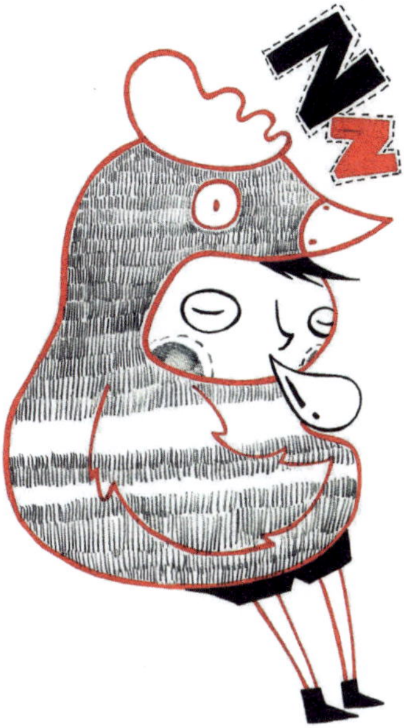

tau¹ gai¹

偷鸡

例句　返工要勤力啲，唔好谂住偷鸡啊。

翻译　上班要勤快一点，别老想着偷懒。

jat¹ goek³ tek³

一脚踢

例句　间铺得佢一个人，乜都一脚踢。

翻译　店里只有他一个人，什么都是他包揽了。

caau^{2} jau^{4} jyu^{2}

炒鱿鱼

例句 | 你再成日迟到，小心俾波士炒鱿鱼。

翻译 | 你再整天迟到，小心被老板解雇。

方言词汇释义

挜拃

碍事，占地方，引申为霸道。

黐线

“线”在该词中表神经，“黐”则是粘起来的意思，“黐线”就是全部的神经都被粘起来的意思，指神经兮兮、言行举止有点儿不正常。常用于口头语表示对对方的不屑或否定。

擒青

匆忙，形容人心急。南方舞狮，少不了“采青”。所谓“青”，就是把一封利市，绑在一棵生菜上。采青一定要经过“见青”、“惊青”、“采青”、“碎青”、“吐青”等配以鼓点的舞步动作，程序不能错乱。如果随便舞几下狮子，就将“青”取去，定会贻笑大方，被嘲为“擒青”。

浪口

漱口。

心息

死心，放下心事。息，通“熄”，意思为熄灭、消失。

拍拖

“拍拖”原为珠江口一带航运俗语。通常大船载货并拖小船一艘，主航道大拖小；近岸时，大船吃水深，难以靠岸，此时小船便卸货上岸，来回相依。后以此比喻男女恋爱时的互相关心和难舍难分。

掟煲

分手，指恋爱或婚姻关系破裂。

偷鸡

偷懒。

一脚踢

指一个人什么都要做。以前的女佣，工作分“近身”、“洗熨”、“煮饭”、“打杂”四种，只有大家庭才可能请到这四种人，小家庭的要包齐四种，于是叫“一脚踢”。

炒鱿鱼

被雇主辞退，不友善地辞退。旧时，打工者在老板店中住宿，晚间睡在床上、地上都要展开被铺，一旦被开除，则卷着被子、席子，垂头丧气地离开。这情景使人联想到鱿鱼被炒得蜷缩卷曲的样子，故炒鱿鱼是含蓄的暗喻。

YUE YU SHI JUE SHE JI XIANG MU

2 粤语视觉设计项目

这一部分的粤语视觉设计作品选自2011年广州美术学院设计学院视觉传达专业几位毕业生的毕业设计作品。当时，有数位同学抱持着对传承本土文化的热情投入“方言视觉”的毕业设计课题研究中来。他们从不同的兴趣点出发，以推广粤语为目标，各自探寻出一条有趣的路径来。现在回看，这些探索虽然不成熟，但仍旧各具姿态。在此收录了其中三个设计项目，它们在选题方向、概念构思、视觉表达方式及与观众的互动方式上都不一样，唯一相同的是作者对粤方言文化的钟爱。

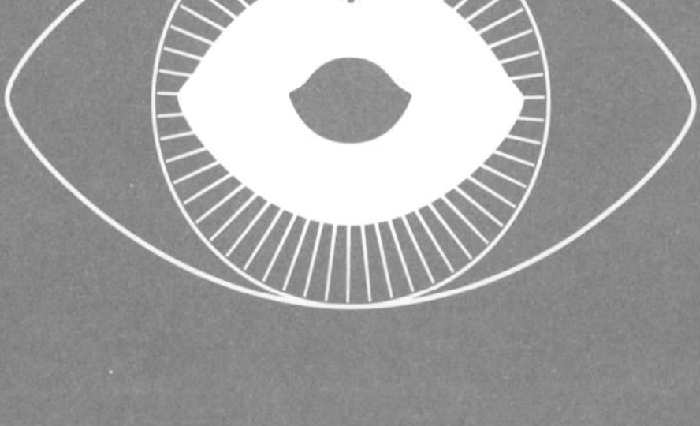

粤语
网络表

设计项目／粤语网络表情符号

设计师／贡 昕

情

设计目标

尝试通过视觉设计，增加网络交流的趣味性和情感体验，同时使粤语方言文化在新传媒中延续、再生。

作为一个小众设计项目，若首先能使这批小众人群受乐、受益、受用，便是该设计的良好预期效果。若继而能使其传播于更广的受众，或吸引更多人了解粤语，或引起更多人关注方言的现状，关注其对一座城市的深刻影响，从而更热爱自己的家园与文化，是本设计美好的愿景。

我睇方言 / 我看方言

方言是给人以强烈归属感的小众母语，
能瞬间拉近特定人群之间的距离；
亦是植根、还原生活本真的文化瑰宝，
有着天然的亲民基因。

方言蕴含了丰富的人民智慧，
保留了久远的历史积淀，
如同地域发展的活化石。

方言给本地人以强烈归属感，
更是游子寻求思源慰藉的乡音，
它的认可离不开这群受众。

方言与普通话的“是非之争”，
是一座城市在发展中对重新认识自己的探讨，
它与城市性格息息相关。

语言的生命在于使用；
方言的再设计，
关键在于继承与发展。

我希望能够通过这个设计——
粤语网络表情符号，
结合动态图形介入现代人的生活沟通方式中，
在促进方言文化传承的同时，
也提高现代交流表达的“温度”。

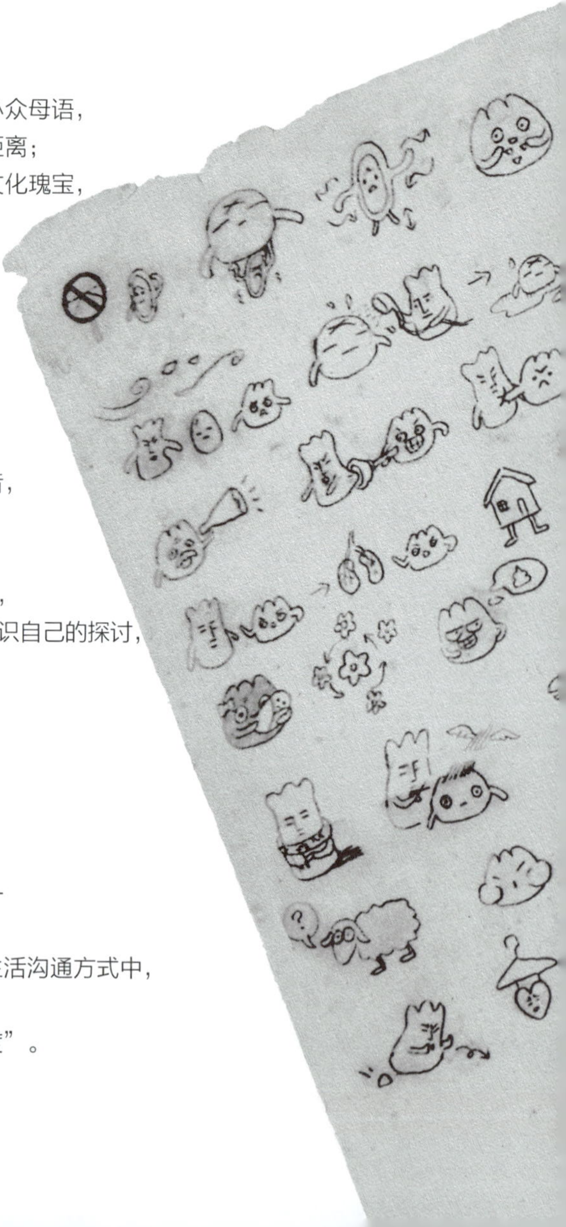

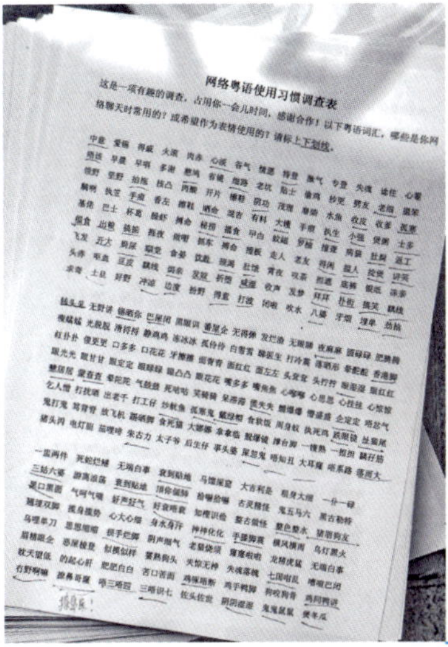

前期调查

针对主要受众人群，对来自本地不同院校、不同年龄层的大量学生以及小部分职业人群发放了《网络粤语使用习惯调查表》。

有效问卷：140 份

调查人群：大学生　30%

　　　　　中学生　50%

　　　　　小学生　10%

　　　　　职业人群　10%

调研结果

网络使用最频繁的 40 个粤语词汇：

常用口语

唔该 / 早唞 / 早晨 / 返屋企 / 冲凉 / 捱夜 / 屙尿 / 肚饿 / 咩 / 唔知 / 係啊 / 冇嘢啊嘛 / 大镬 / 唔係路 / 顶你个肺

形容词

蒙查查 / 嬲爆爆 / 笑骑骑 / 口花花 / 阴功 / 咸湿 / 核突 / 乞人憎 / 巴屎闭 / 阴阴湿湿

动词

晒命 / 发姣 / 扮嘢 / 扑街 / 心淡 / 混吉 / 呕血 / 发烂渣 / 冇眼睇 / 锡晒你 / 靓爆镜

名词

细路 / 八婆 / 老友 / 猪头丙

最后通过调研选定网络使用最频繁的 40 个粤语词汇，以此为文本基础来进行网络表情符号的创作。

设计初衷

除了区域内的交流，方言还可以有什么用途？这是我的设计一开始想要解决的问题。语言的生命在于使用，方言的再设计，不只是将它的音美或意韵形而上地剥离，以供观赏，而关键在于继承精神的同时，以更适合时代走向的方式加以发展。

现在是网络的时代，数字化的交流方式成为现代人的习惯。纵然即时的文字、语音、视频传递了我们的讯息，但隔着冷冰冰的屏幕，敲击机械键盘的我们仍然难以真切地感受网络那一头的对方是喜是怒，是虑是思。

“兔斯基”等一系列网络表情的流行证明了人们在文字表达之余，对辅助图形的需求。图画，或动态图像，作为最原始直观的认知形式，成为高速信息交流中，文字的最好替代与注释，也是格式化数字时代最渴求的人性元素。

若将方言结合动态图形介入此中，既有利于方言文化的传承，也增添了交流表达的“温度”。

设计思考

这套设计肩负了一个特别且重要的“使命”——使方言文化在新传媒中再生。世界在网络中变“平”，个体之间的差异在高速交流中愈加统一化，如同走出家门，所有的城市都长着一样的摩天大厦，爬着一样的四轮汽车，道旁是修剪了一样发型的树木。除非听到邻居街坊还操着一口别有风味的家乡话，否则，我们无法真切感受自己身处之地那份泥土的清香。现实尚如此，何况格式化制式的网络？所以这便是粤语表情更深层的意义，谋求传统、本土的发展新可能，谋求千篇一律中的个性化。

目前已有的网络表情还未出现过水墨元素，大多数表情以一个固定角色为演绎主体。方言属于传统文化，所以我尝试使用一个带有东方文化韵味的墨点作为延伸母体，统一整套表情符号，而非某个特定的角色。表情动态的设计尽可能有趣、贴切，视觉设计上努力寻求生活化的感觉，减缓墨点带来的过度的文化气息。

嬲爆爆
蒙查查
顶你个肺
阴阴湿湿
冇嘢啊嘛
咩?
八婆
屙尿
呕血
冲凉
大镬
混吉
晒命
肚饿
捱夜
唔知
发姣
细路
阴功
心淡
返屋企
笑骑骑
锡晒你
发烂渣
冇眼睇
早晨
唔该
扑街
靓爆镜
早唞

部分动态表情拆解

zou2 san4

早 晨

[早上好]

saai3 meng6

晒 命

[炫耀，显摆]

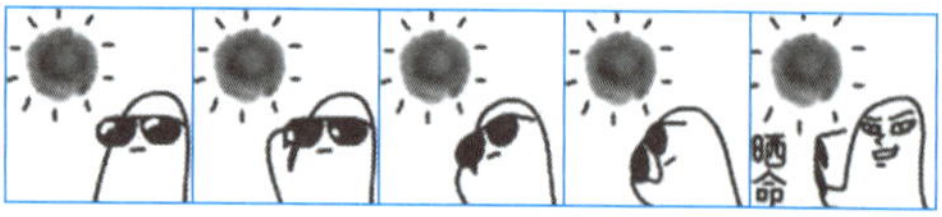

cung1 loeng4

冲 凉

[洗澡]

daai6 wok6

大 镬

[麻烦，糟糕]

m4 goi1

唔 该

[谢谢]

sam1 taam5

心 淡

[心灰意冷]

wan[6] gat[1]

混吉

[白忙活；添乱]

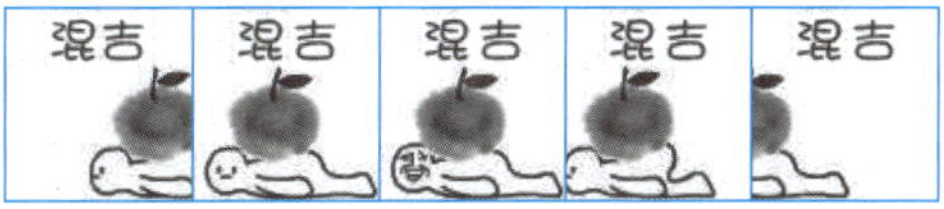

zou[2] tau[2]

早唞

[晚安；早点休息]

faat[3] laan[6] zaa[2]

发烂渣

[发脾气，耍赖]

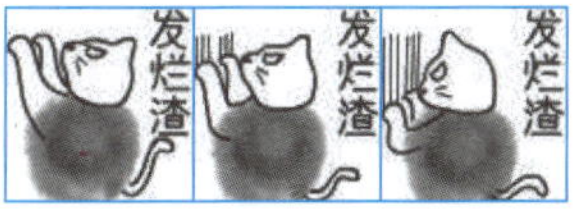

mou[5] ngaan[5] tai[2]

冇眼睇

[看不下去，不管]

hat[1] jan[4] zang[1]

乞人憎

[讨人嫌]

jam[1] jam[1] sap[1] sap[1]

阴阴湿湿

[阴险狡猾]

seng1 jyut6 jyu5
星粤语
少林
haam4 sap1 lou4
咸湿佬
月光宝盒
演员的自我修养
me1 me1
咩咩...
haha
eoi4 hau2 seoi2
口水

设计项目／《星粤语》电子书

设计师／刘树立　张华念

设计初衷

对于迁徙到一个新地方生活工作的人来说，学习方言常常是虽有需求却感不易。我们创作《星粤语》这本电子书，就是希望通过挖掘周星驰粤语电影中的经典台词，搭配趣味性的夸张视觉方式，设计一种新的粤语音像趣味教学方式。

很多人知道、了解并且想学习粤语很大程度上是受到香港娱乐文化的影响，香港歌曲的风靡和香港电影的传播，在粤语文化的推动上有非常突出的作用。而具有浓厚港味的周星驰电影因其对白的幽默独特，为影迷广为传颂，在年轻人中掀起热潮。

最早可以追溯到20世纪80年代，在周星驰的电视剧作品《盖世豪侠》中，周星驰的角色有几句口头禅，例如“坐低饮啖茶，食个包”（即“坐下来喝一口茶，吃一口包”，意指有事坐下来慢慢谈），“你讲嘢呀？”（即“你在说话吗？”，暗讽对方说废话），成为当时香港人的口头禅，由此出现了民间的周星驰现象。而这种风格已经成为一个特殊的文化标志和商业标志，表达了小人物的情感，更体现了一种人文关怀。随着周星驰电影的普及，周星驰的大量经典口头禅已经成为粤语地区的日常用语，甚至在非粤语地区广为流传。

因此，我们想借助周星驰电影作品在民间尤其在人们日常口语中强大的影响力，以其经典的电影对白为基础，创作出一种更生动有趣的粤语学习方式——视听结合的电子书。对粤语的趣味与网络快捷传播等方面的探究，或许可以让我们以一种轻松的方式去体验粤语的趣味和魅力所在。

设计结构

原电影片段 ＋ 幽默插画 ＋ 生词释义和对白例句

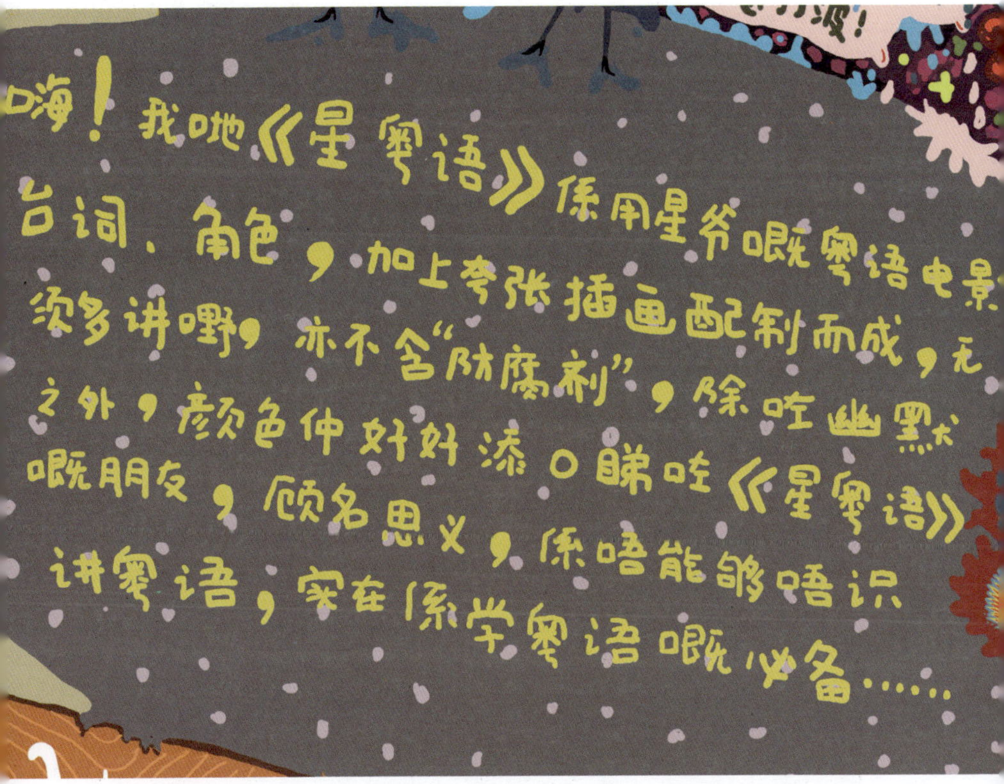

内容架构

电子杂志内容根据对白词汇的不同风格划分为三个单元：

第一部分：《咧咧啡啡》（常用口语）；

第二部分：《呃返嘜嘅》（外来语）；

第三部分：《随口噏下》（俗语谚语）。

bong' to'
帮拖
帮忙
eg：我唔掂啊，快
啲过嚟帮拖喇

bong¹ to¹ 帮拖 → 帮忙

星：四眼仔，我认得你。

四眼仔：睇嚟，呢位先生对戴眼镜嘅人士，好有成见。

星：冇错，尤其係金丝眼镜。唰～唰～

四眼仔：我身为一个文员，戴金丝眼镜，係好正常，又係好合逻辑。我戴得好睇，你点解係要针对我～

星：帮拖！

cou4 hyun1 baa1 bai3
嘈喧巴闭
又吵又闹
eg 静一静好唔好？嘈喧巴闭好烦！

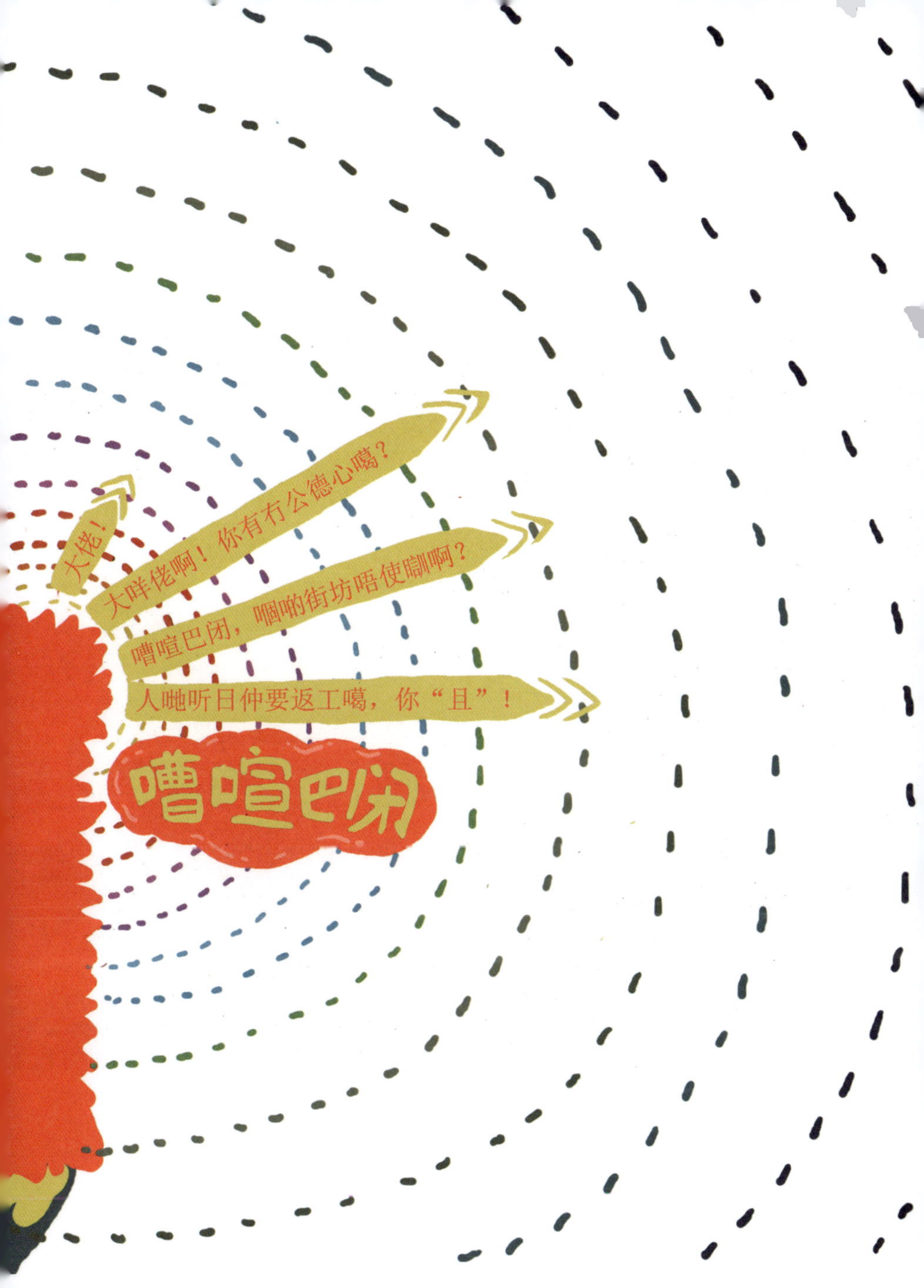
嘈喧巴闭
大佬！
大咩佬啊！你有冇公德心嘅？
嘈喧巴闭，嗰啲街坊唔使瞓啊？
人哋听日仲要返工嘅，你“且”！

loz gingz
攞景

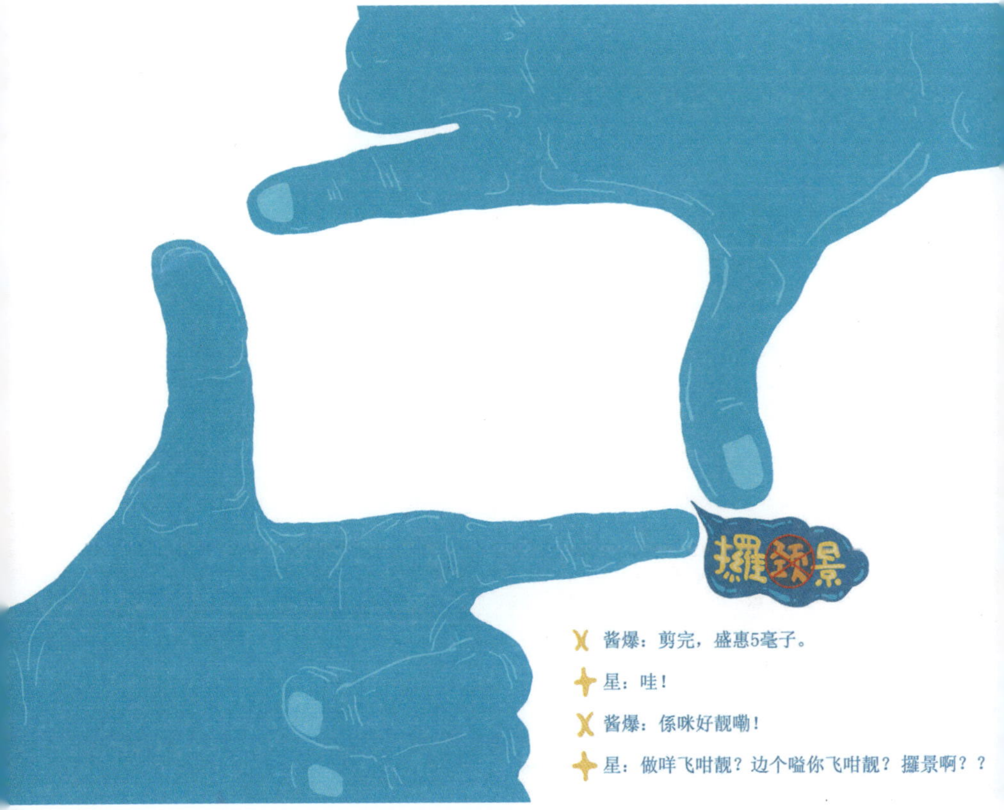

酱爆：剪完，盛惠5毫子。

星：哇！

酱爆：係咪好靓嘞！

星：做咩飞咁靓？边个嗌你飞咁靓？攞景啊？？

废页的
自我修养
leoi4 hau2 seoi2
脶口水
吐口水
eg 通街脶
口水係唔啱嘅！

--天仇：嘉嘉，听日食完饭有咩做啊？

嘉嘉：屙屎。

--天仇：屙完屎嚟睇叔叔做主角，你话几开心呢！哼，最紧要叫埋爹哋妈咪一齐嚟睇呀，如果佢哋唔嚟呢，你就喊，扭计，周围𦧺口水，𦧺到佢哋嚟为止咁就乖嘞，锡晒嘉嘉啊！

ban shou
四眼仔
si6 baa1 naa4
士巴拿
扳手
eg：唔好乱带士巴拿出街
Spanne

士巴拿 Spanner
领队：从佢哋整齐嘅制服、友善嘅眼神，我完全感受到嗰份诚意同埋体育精神。
星驰：多谢。
领队：大家唔好紧张，我本身呢，係一个汽车维修员。呢个士巴拿係攞嚟上螺丝用，係好合理嘅。

gau2 m4 daap3 baat3
九唔搭八
牛头不对马嘴
eg：呢条友黐咗线，九唔搭八

58

sik6 wun2 min6 fan2 wun2 dai
食碗面反碗底
忘恩负义
eg: 做人唔好食碗面反碗底

gau2 m4 daap3 baat3
九唔搭八

大傻：靓仔，你老细呢？

Jing Koo：边个哇？

大傻：整蛊专家古晶啊！

Jing Koo：…

大傻：第二次醒目啲啊，九唔搭八。

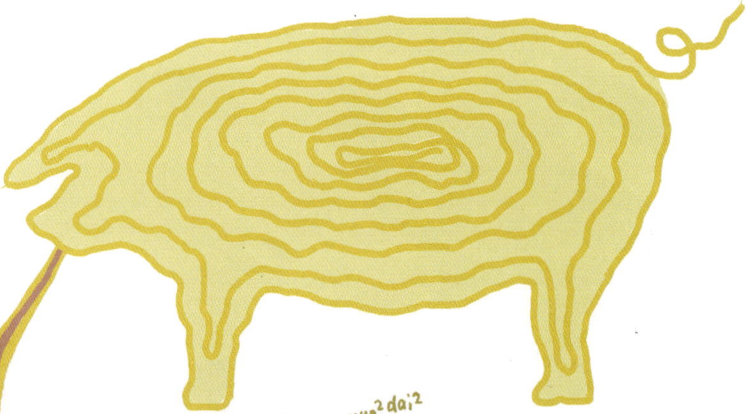

sik6 wun2 min6 fan2 wun2dai2

食碗面反碗底

包龙星：呢个係咩字呀？真係唔识“死”字点写呀，盲字唔识多个，够胆话少奶欣赏你文才同你通奸？人嚟，铡佢。

来福：唔好呀，大人，冤枉呀。係方唐镜俾五千两我冤枉二少奶噶咋，我仲有三千两塞係屋企灶底吖。

方唐镜：你个仆街，食碗面反碗底？係你通奸就通奸，大人，铡佢啊。

来福：大人，唔关我事噶，我有证据，我根本就唔可以同二少奶通奸嘅，我攞俾你睇。

包龙星：冇讲咁多，攞出嚟呀。

ji6 tau4 luk6 min6
二米六面
当着别人
eg:二米六面几好!

旺财
jat1 geub6 seoi2
一嚿水
100

设计项目／亚洲沙示汽水限量版包装设计

设 计 师／关小琴

设计目标

这个设计项目希望通过结合广州本土老字号的碳酸汽水品牌——沙示的包装设计，用趣味、独特的限量版汽水包装推广粤语，提升粤语知名度以及趣味性。

设计方案希望突出品牌的粤文化基因，利用“有汽”和“有戏”两个词语在粤语中同音来作文章：“有汽”是产品突出的特点，“有戏”表明了该产品融入生活，见证了民生百态的特点，而“有戏”更指对某些目标的追求有机会，表达了一种希望与自信。

因此，设计以粤语的语气助词作为切入点，结合日常生活情景对话的设计，在汽水包装上撰写了一些非常日常的话语，配合相应情景的现代卡通插画，让这些生动的生活对白更显亲切。这些包装上的话语中有浓浓的情绪，会说粤语的人看到这样的包装能会心一笑；而不会说粤语的人在一边品尝饮料的同时，也能一边从外包装上学习一句简单的家常粤语，从味觉及视觉上都感受浓浓的粤语风味！

品牌选择

为什么会选取亚洲沙示汽水作为品牌包装的推广设计?

（1）亚洲沙示汽水是广州土生土长的老字号碳酸汽水，伴随了许多广州人的成长，这种味蕾的感受在老广州的记忆里占有一席之地；

（2）非常独特的味道；

（3）口碑良好，一直以来，沙示汽水朗朗上口的广告语一直深入人心。

前期研究

首先是对粤语语气助词的整理。

（1）用于句末，表示叙述、肯定的语气。

嘅／咧／吖／嘞／喇／啰／啰喂／噶／噶喇／噶嘞／嚸／嘅嚸／咼／啦／嗻／啫／咋／之嘛／罢啦／係啦

（2）用在句末表示问话。

啊／噶／喇／咧／咼／嗄／嘅／咩／啫／啩

（3）单独使用表示感叹、惊叹等语气。

哗／咍／嗄／啤／啋／呢／呣／噏／呢噏

表祈使	表完成	表肯定
啦／啰	嘞／咯	喇／嘅／噶／ 噶喇／噶嘞
表疑问	**表提醒**	**表猜测**
咩／噶／咦／ 吖／呵／吖嘛／ 吓嘛／吓哗	嚸／嘞嚸／咋／ 咋吓／咧／ 嗄咋／嚟嗄	啩／喇啩
表无所谓	**表对抗／轻蔑**	**其他**
之嘛／嗻／啤	啋／呸	噏／啫

＊以上语气助词分类主要整理自《广州话分类词典》及网络资料。

亚洲沙示
ASIA SAR SAE
ASIA
亞洲
做乜佢可以
zou6 med1 keu5 ho2 yi1
咁好气嘅
gam3 hou2 hei3 ge3

亚洲沙示
ASIA SAR SAE
ASIA
亞洲
做乜佢可以
zou6 med1 keu5 ho2 yi1
咁好气嘅
gam3 hou2 hei3 ge3
亚洲沙示汽水
配料：水、白砂糖、食品添加剂（二氧化碳、焦糖色、食用香精、柠檬酸、苯甲酸钠、糖精钠）
产品标准：GB/T10792
广州市香雪亚洲饮料有限公司制造
地址：广州经济技术开发区开创大道361号
产地：广东省广州市
食品生产许可证号：QS4401 0601 1083
电话：020-82230886
生产日期（批号）：见瓶盖
保质期：12个月
贮存：常温
这只猫真的好顽皮，没一刻是安份的，真“好气”，就是有多余的力气，通常是贬义。
净含量：345ml
生产许可

亚洲沙示
ASIA SAR SAE
ASIA
亞洲

亚洲沙示
ASIA SAR SAE
ASIA
亞洲
唔好咁
m4 hou2 gam3
寃气啦
yun1 hei3 la1
亚洲沙示汽水
配料：水、白砂糖、食品添加剂（二氧化碳、焦糖色、食用香精、柠檬酸、苯甲酸钠、糖精钠）
产品标准：GB/T10792
广州市香雪亚洲饮料有限公司制造
地址：广州经济技术开发区开创大道362号
产地：广东省广州市
食品生产许可证号：QS4401 0601 1080
电话：020—82230886
生产日期（批号）：见瓶盖
保质期：12个月
贮存：常温
净含量：345ml
“冤气”通常是形容情侣两人亲密得有点过分了，旁人都看不下去了。

亚洲沙示
ASIA SAR SAE
ASIA
亞洲
同你哋讲
tung4 nei5 dei6 gong2
都嘥气喇
dou1 sai1 hei3 la3

亚洲沙示
ASIA SAR SAE
ASIA
亞洲
同你哋讲
tung4 nei5 dei6 gong2
都嘥气喇
dou1 sai1 hei3 la3
对着一伙动物说话，说什么它们也都听不懂"嘥气"是指说了也白说，浪费气力。
净含量：345ml

亚洲沙示
ASIA SAR SAE
睇到都谷鬼气嘅！

亚洲沙示
ASIA SAR SAE
睇到都谷鬼气嘅！
净含量：345ml

亚洲沙示
ASIA SAR SAE

亚洲沙示
ASIA SAR SAE
你估我想咁嗜气嘛咩？
净含量：345ml

亚洲沙示
ASIA SAR SAE
我啲镬气都几劲嚡

亚洲沙示
ASIA SAR SAE
我啲镬气都几劲嚡
净含量：345ml

亚洲沙示
ASIA SAR SAE
我依宗好劳气啰

亚洲沙示
ASIA SAR SAE
我依宗好
ngo5 ji1 gaa1 hou2
劳气啰
lou4 hei3 lo3
净含量：345ml

亚洲沙示
ASIA SAR SAE
好丧气咯
hou2 song3 hei3 lo3
依宗……
ji1 gaa1

亚洲沙示
ASIA SAR SAE
好丧气咯
hou2 song3 hei3 lo3
依宗……
ji1 gaa1
59
净含量：345ml

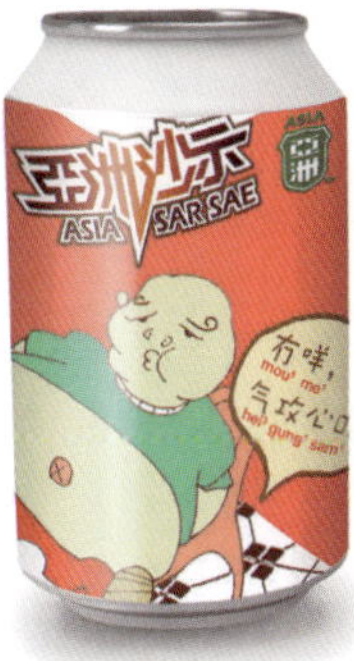

亚洲沙示
ASIA SAR SAE
冇咩，
mou5 me1
气攻心
hei3 gung1 sam1

亚洲沙示
ASIA SAR SAE
冇咩，饭
mou5 me1 fan6
气攻心啫
hei3 gung1 sam1 ze1
净含量：345ml

设计过后的一点想法

通过整套粤语表情的设计，我又一次体会了对传统文化再设计的重要性与艰巨感，方言能否在高度统一化的现代继续发出它的独特光芒，滋养日渐乏味的语言环境，不仅需要考古式的价值发掘，还要对其价值精粹进行提取，主动利用当代媒介，使它继续生存发展。

通过对这一设计的步步探索，我也总结了一些如何协调流行文化与传统意韵之间矛盾的经验方法，要使当下青年一代接受属于民族的东西，还需使用他们的叙事方法，例如各种潮流视觉元素、网络风行语言等。旧的事物不断与时俱进才能焕发勃勃生机。

我只是尝试了对粤语的再设计，希望此后更多彰显传统价值的“文物”能够同样通过融入现代语汇的再设计，不再只是“文物”，而能活生生地为大众所利用。

——贡昕

我们的设计探讨的是一种趣味学粤语的方式，让人们在这个压力逐渐加大、节奏逐渐加快的现代社会里，莞尔一笑，得到放松，对粤语产生兴趣，哪怕只有一点点。粤语文化的提升与发展，需要大众的力量，只要每人都贡献一点点，我相信每份力量都是一盏灯，灯多了，心灵的窗户自然就会亮。

——刘树立 张华念

个人觉得设计来源于生活，设计与生活之间是密不可分的，好的设计能很好地融入人们的日常生活中，给人们带来方便。

我的设计也是来源于生活，从方言文化到粤语，从粤语到亚洲沙示汽水，都是从自己的儿时回忆和身边事物的角度来切入的，并用自己的专业方式来表达挖掘到的某一个角度，希望更多看到的人因了解而产生共鸣。

粤语是一方之言，给予人强烈的家乡归属感，希望能借此包装让尽量多的外来人员学习地道的、原汁原味的粤语，让他们融入广东大家庭。

——关小琴

粵語
網絡表情

星粵語

亚洲沙示
ASIA SAR SAE
粤饮粤有戏
2009

后 记

这本书的诞生，缘起于一次偶然的相遇。

某天我应某图书馆少儿部的邀请，参与一个关于创作绘本书籍的编辑会议，有幸认识了暨南大学出版社人文分社的杜小陆先生和余泓颖编辑。当时没想到，会议间隙提及的这本书稿竟然真的顺利出版了，并在他们的协助下申请到广州市宣传文化出版资金的资助。这期间，多亏他们多番的敦促、鼓励与耐心的指导，我才得以把这快被搁置的工作完成。

以方言视觉化为探索主题的教学，当时结合了广州美术学院设计学院（现广美视觉艺术设计学院）视觉传达专业（以下简称“广美视传专业”）09 级的图形设计课程与 07 级部分同学的毕业设计来展开，其实在 2011 年已告一段落。虽然同学们的作品与“成熟、深入、完整”这些标准还有差距，但青涩中透出生动和热情，里面有他们对各自喜爱的方言的情感与思考，有年轻活跃的表达方式，因此，我们筛选梳理后，希望与更多人分享这些年轻人站在视觉设计的角度对方言文化的思考。这本书稿最初收录了六七种不同方言的视觉化作品，但因为编校难度较大，一度在出版上遇到了困难。

如果没有那次相遇，这本书稿也许就变成了一个教学记录或者一段个人记忆；如果没有相遇后小余编辑的执着与鼓励，没有出版社对编撰思路的讨论与调整，这本书也就会逐渐尘封在书桌的抽屉里。所以，我在感动于他们的专业精神的同时也非常感谢他们。

也要感谢与我一同完成课程指导的吴南妮老师，还有那些参与了这个课题研究的广美视传专业 07 级和 09 级的同学们，他们用年轻人的好奇心与热情对方言文化的设计推广作了一次有意义的尝试。如今，创作这些作品的同学们都已走出了校门，但每次翻看书稿，都让我想起我们一起度过的那些美好时光。

更让人感动的是，就连一些素未谋面的朋友也对该书的编写给予了热情的支持。尤其是对粤方言颇有研究的邝家健先生，在词汇注音的方式及方言文字书写的表达上都给予了宝贵的建议。先生在收到书稿电子版的短短数天后即给我回复了邮件，对每组词汇的注音及书写都作了详细的修正，对个别生僻文字的读音、字意亦细心标注说明，其治学的热忱与严谨让人钦佩。相信在民间，还有很多如邝先生一样热爱方言的人们，将兴趣化为动力，不断用自己的方式去研究、传承和推广方言文化。

还要感谢为此书出版付出很多努力的刘晶编辑及相关工作人员。此书虽已付梓，我仍诚惶诚恐，恳请各路专业人士指正其中的纰漏。倘若读者能在阅读过程中增加一些对粤语的了解，产生多点对粤语的兴趣，或引起粤语地区的年轻人的共鸣和激发他们对母语的热爱，那就不枉各方朋友的鼓励与支持了。

戴秀珍

2015 年于广州